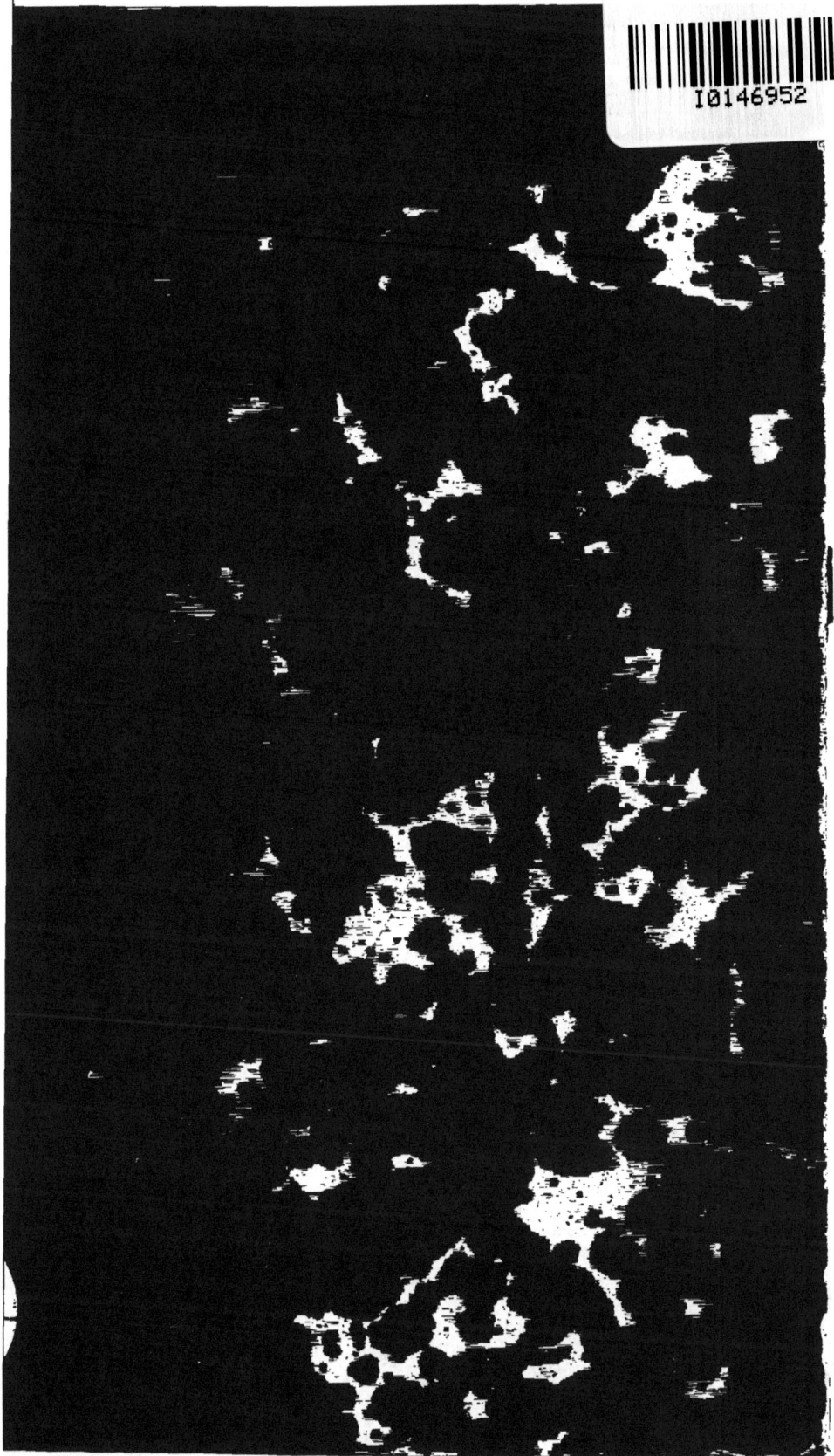

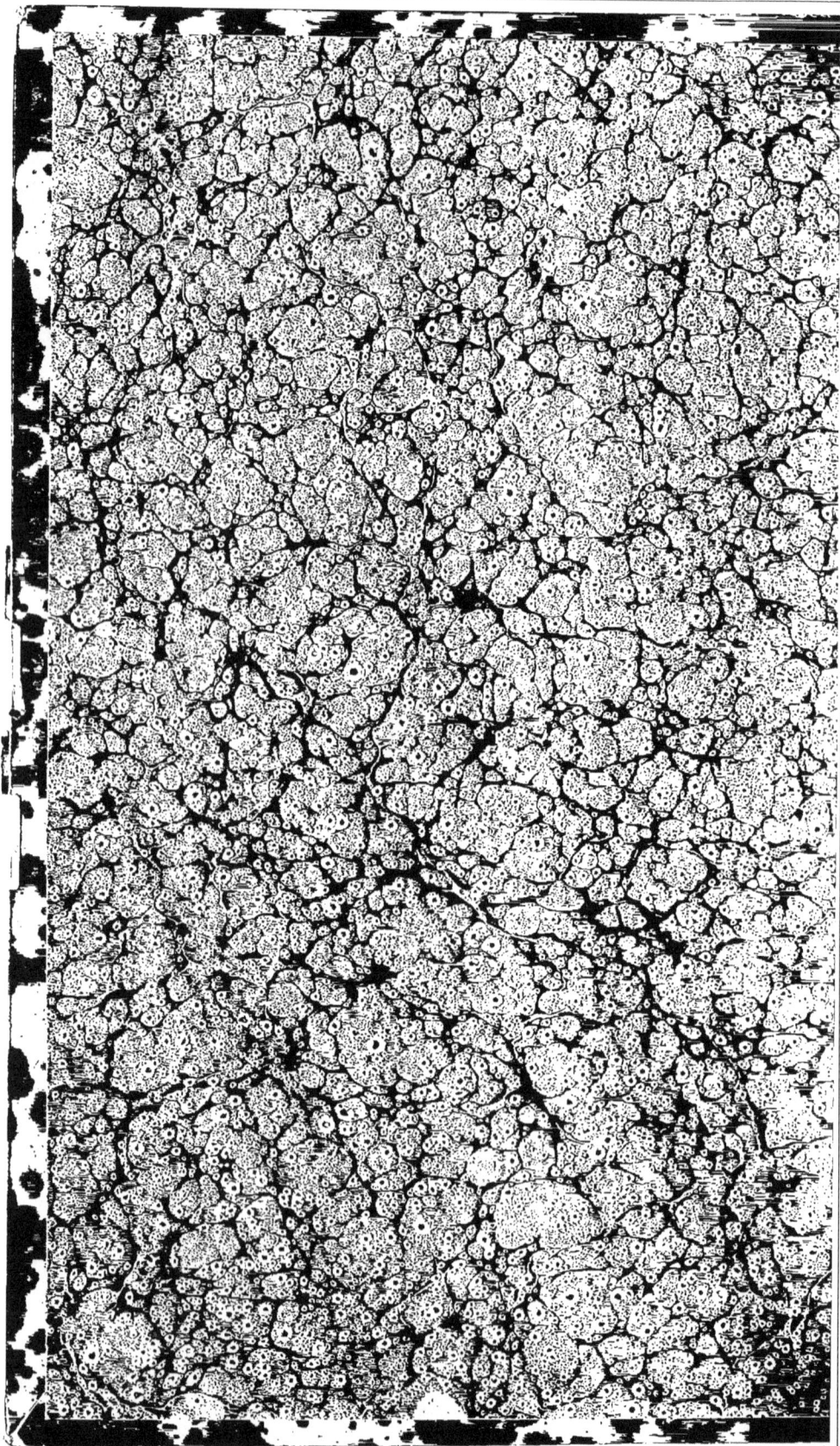

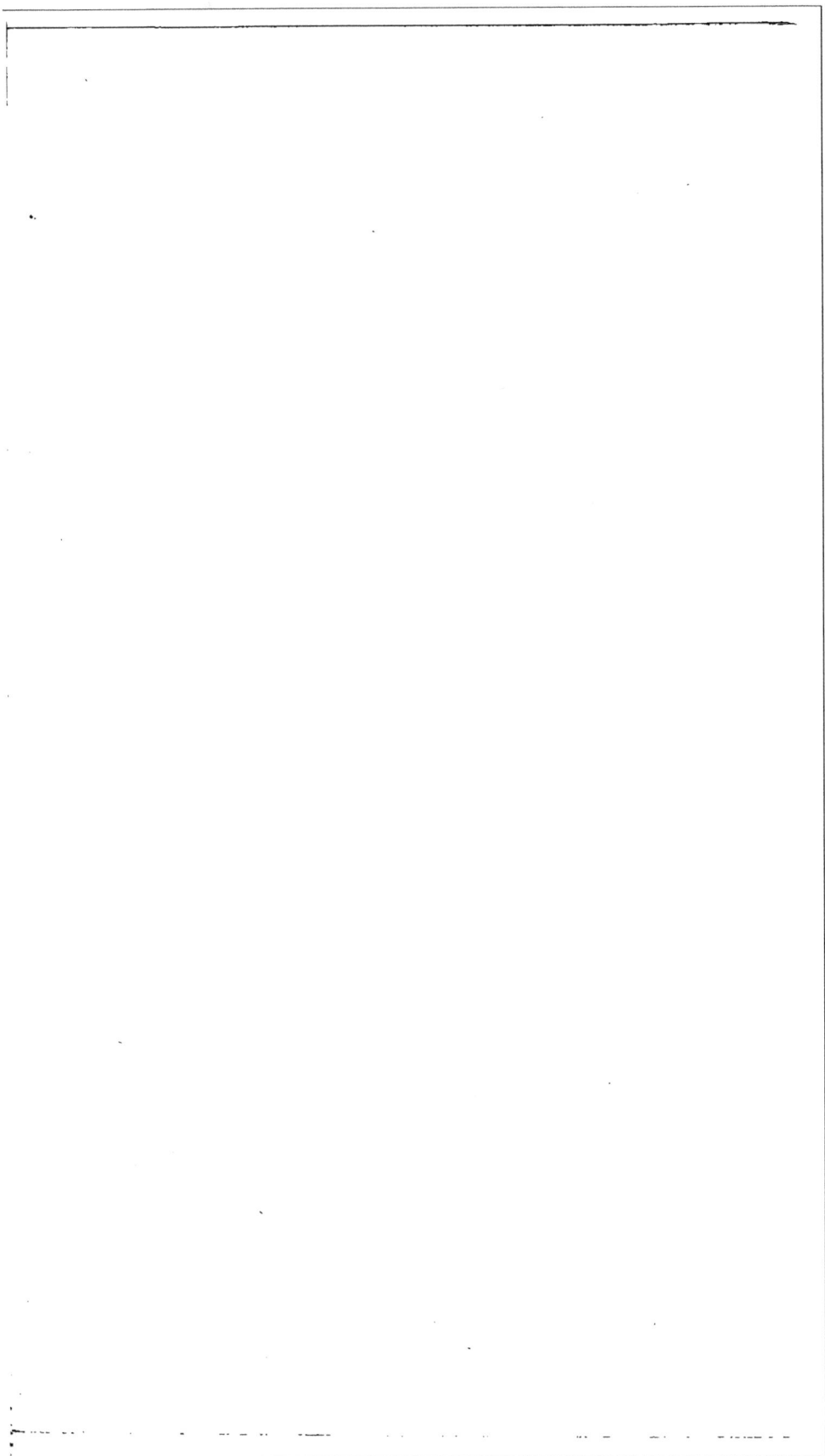

LK7 2060

MÉMOIRE HISTORIQUE

SUR

L'ABBAYE DE CHERLIEU,

PAR

L'ABBÉ L. BESSON,

AUMÔNIER ET PROFESSEUR DE RHÉTORIQUE AU COLLÉGE DE GRAY,

Ouvrage couronné par l'Académie des sciences, belles-lettres et arts de Besançon
dans sa séance publique du 25 août 1846.

BESANÇON,

BINTOT, IMPRIMEUR-ÉDITEUR,

PLACE SAINT-PIERRE, 2 ET 4.

—

1847.

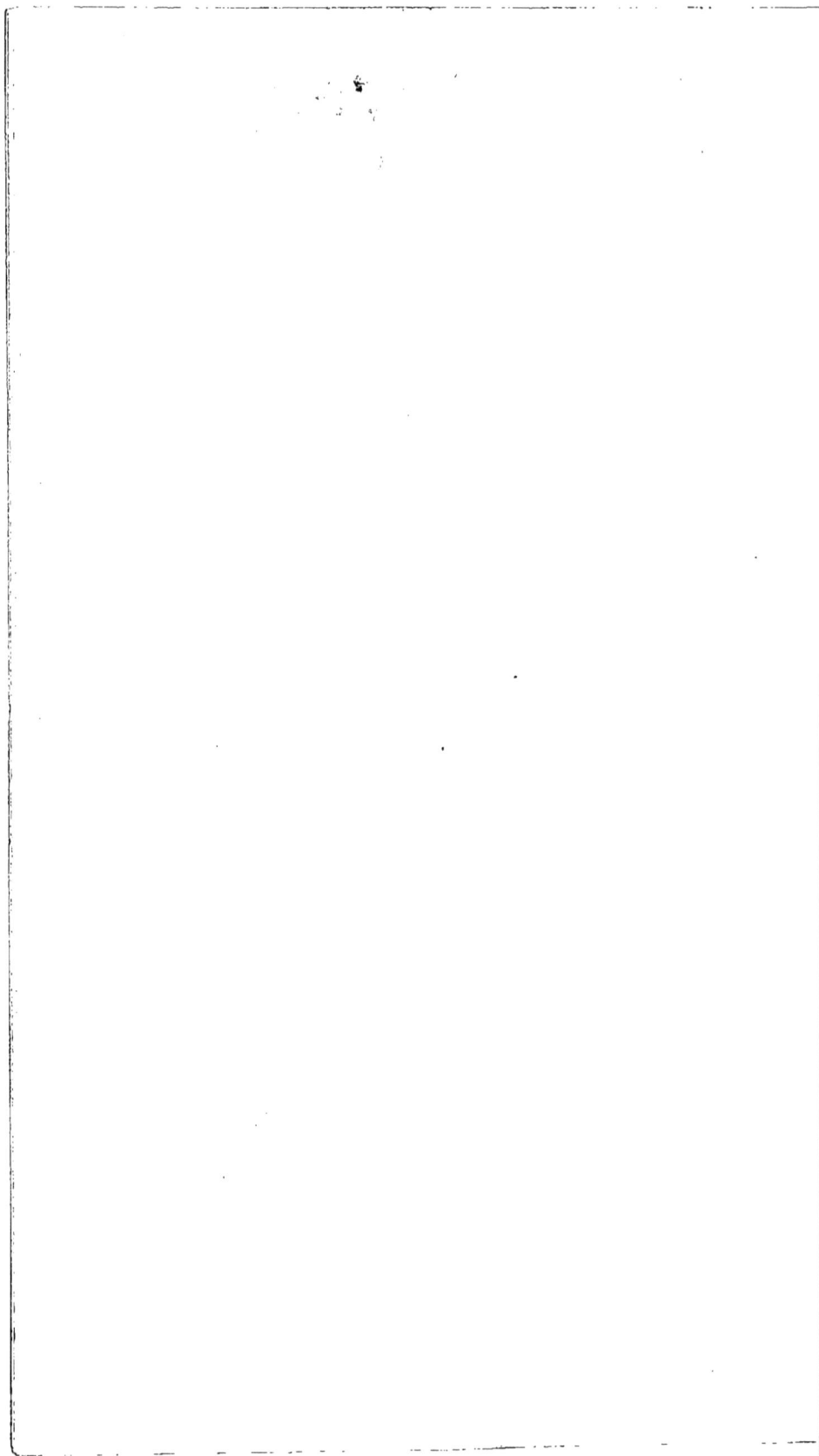

A SON EXCELLENCE [*]

Mgr. Thomas-Marie-Joseph GOUSSET, *Archevêque de Reims,*
légat-né du Saint-Siége, primat de la Gaule-Belgique.

MONSEIGNEUR,

Quel nom pourrait mieux que le vôtre recommander
l'histoire de Cherlieu à la bienveillance du lecteur ? Ce
monastère fut presque votre berceau et vous avez eu le
premier la pieuse idée de sauver ses ruines de l'oubli.
Un prêtre obscur qui a essayé d'exécuter ce dessein,
vous offre son travail comme une faible preuve de son
admiration pour vous ; heureux du moins que les suf-
frages d'un corps savant dont vous êtes membre, rendent
cet hommage plus digne de votre science éminente et de
votre caractère sacré.

Agréez, Monseigneur, l'expression de la vénération
profonde avec laquelle j'ai l'honneur d'être,

De votre Excellence,

Le très humble et très obéissant serviteur,

L. BESSON.

[*] De tous les prélats de l'église de France, celui de Reims est le seul auquel
l'usage attribue ce titre.

— A. —

établissements en égalait l'importance ; ils ont vécu, mais aucune institution humaine n'a duré plus longtemps ; on ne trouve nulle part des souvenirs aussi riches, ni des leçons aussi frappantes.

Ce seul fait suffit à un esprit sérieux pour captiver son attention. Persuadé qu'une existence si longue , loin d'être isolée dans notre histoire, se rattache nécessairement à tous les mouvements religieux , politiques et littéraires de la Bourgogne , il se demande quelle mission providentielle les monastères avaient reçue, comment ils l'ont accomplie et quelle influence ils ont exercée par là sur les destinées de notre belle province. Il ne m'appartient pas de donner à ce sujet tous les développements dont il est susceptible. Content de l'indiquer , je me borne à un exposé simple, rapide et concis.

Les annales de nos monastères peuvent se diviser en deux périodes d'une longueur à peu près égale. L'une, illustrée surtout par les ordres de saint Benoît et de saint Bernard , s'étend depuis le VIe siècle jusqu'au XIIIe ; l'isolement est le caractère de tous les cloîtres qu'elle voit naître. L'autre commence au XIIIe siècle et se termine à la révolution française. Un trait non moins frappant distingue cette époque-ci de la première : pendant toute sa durée on ne bâtit plus de monastères que dans les villes : les religieux se mêlent au bruit du monde avec autant de soins et de persistance que leurs aînés en avaient mis à le fuir.

C'est dans un âge de bouleversements et de crimes que la vie monastique commence en Bourgogne. Envahie par une foule de tribus barbares, partagée entre les vainqueurs et les vaincus, sans lien, sans unité, sans maître certain, notre patrie, au milieu de tant de désordres, ne sait plus ni le nom qu'elle porte, ni le culte qu'elle professe, ni le gouvernement auquel elle est soumise. Depuis le IVᵉ siècle jusqu'au commencement du VIIᵉ, tout se détruit et se confond. L'épiscopat compte encore des saints, mais le moment n'est pas éloigné où l'instruction manquera au clergé comme au peuple. Il faut de courageux apôtres pour annoncer l'Évangile parmi des Catholiques qui l'oublient, des Ariens qui le blasphèment et des Payens qui l'ignorent ; car le désordre règne dans les croyances comme dans les idiômes. C'est peu de fixer la foi : il faut des vertus héroïques pour adoucir les mœurs. Les lois ne valent pas mieux ; faible ou cruel, le pouvoir qui les dicte est tantôt troublé par l'intrigue, tantôt ensanglanté par le meurtre et déshonoré par l'adultère. Les guerres des fils de Gondioc, le règne de Gondebaud marqué par l'introduction du duel judiciaire dans la loi civile, la rivalité de deux reines tristement fameuses, les exactions et la barbarie de Brunehaut, l'odieuse politique de Frédegonde, la faiblesse de Thierry II, tout con-

court à la perte de la Bourgogne, et le VIe siècle achève
sa course au milieu de la désolation publique.

Ne nous étonnons pas si, pour échapper aux persécutions du monde ou pour se dérober au spectacle de ses
crimes, tout ce qu'il y a d'instruit et de vertueux se retire
loin de lui, en attendant des jours meilleurs. Les montagnes du Jura possèdent déjà les restes de saint Romain
et de saint Lupicin, pieux anachorètes que Laucone et
Condat regardent comme leurs fondateurs. Déjà ces gorges
sauvages enfantent des savants et des pontifes ; saint Vi-
ventiole, après y avoir enseigné les belles-lettres, est appelé au siége de Lyon. Condat, toujours fécond en il-
lustres personnages, quitte un nom obscur et prend successivement celui de saint Oyan et celui de saint Claude,
pour consacrer la mémoire de ces deux abbés par le plus
durable souvenir. A l'autre extrémité de la Bourgogne,
quatre monastères commencent à offrir aux hommes de
bien un sûr asile, des écoles de science et de piété, et
surtout des modèles de la plus sublime vertu : ce sont
Annegray, Luxeuil, Fontaine et Lure. Luxeuil les surpasse
tous. Là domine saint Colomban, le plus vaste génie de
son siècle, homme d'action et homme d'étude, tour-à-
tour orateur, poète et théologien, mais toujours apôtre.
Il annonce aux rois les leçons de l'évangile, les déve-
loppe au milieu du cloître avec la science d'un docteur
consommé, et se les applique à lui-même dans toute la

rigueur de la perfection. Ses disciples se livrent avec zèle aux pénibles devoirs de la prédication populaire. Tels sont saint Agile, issu d'une des plus nobles familles du comté de Port, et saint Eustèse qui, après avoir ramené la foi sur les bords du Doubs, court enseigner et civiliser la Bohême.

Jamais l'austérité de la vie monastique ne fut plus rigoureuse. Le jeûne, la prière, l'étude et le travail des mains partageaient la journée de chaque religieux ; des peines corporelles expiaient les moindres fautes ; on ne prenait de la nourriture qu'à trois heures du soir, et elle se composait seulement d'un petit pain et de légumes cuits à l'eau. Cette règle apportée d'Irlande par saint Colomban convenait à la ferveur de nos premiers monastères. Elle servait surtout à régénérer le clergé du VIIe siècle, et cette réforme était nécessaire, car plus les mœurs du peuple sont corrompues, plus il importe qu'une éducation sévère retrempe le caractère du pasteur. Qu'une critique peu judicieuse attaque la dureté de cet institut, on répondra victorieusement en rappelant le spectacle que Luxeuil donnait alors à la société. Là croissaient six cents religieux pour l'honneur du Christianisme et des belles-lettres ; là se formaient saint Delle, saint Gall, saint Germain et saint Ursin qui, après l'exil de leur maître, propagèrent sa doctrine et sa règle, le premier en fondant l'abbaye de Lure, les trois autres en se retirant dans

l'Helvétie et la Rauracie où leur nom se conserve encore (1). Le nombre et la réputation des moines de Luxeuil augmentent sous le gouvernement de saint Valbert,
et l'abbaye arrive au comble de sa gloire. « Quel cloître,
« quelle cité, » dit un chroniqueur, « ne s'honore d'y
« chercher un abbé ou un évêque? » Saint Ermenfroy à
Cusance, saint Théodefride à Corbie, saint Bertin à Li-
sieux, saint Valery dans le monastère qui porta son nom,
saint Bercaire à Auvilliers et à Montierander, saint Ro-
maric et saint Amet à Remiremont, saint Frobert près de
Troyes, tels sont quelques-uns des hommes qui ajoutent
à la gloire de Luxeuil en établissant ou en gouvernant
d'autres abbayes. Dirai-je les pontifes nourris dans cette
école célèbre? Térouanne lui dut saint Omer, Noyon
saint Achaire et saint Mamolin, Laon saint Cagnulfe et
Reims saint Nivard. Mais Besançon fut de tous les sièges
épiscopaux celui qui profita le plus des lumières et des
vertus du cloître. Citons parmi nos prélats saint Nicet,
l'ami et le protecteur de saint Colomban, saint Donat,
l'enfant du miracle, qui d'abord disciple de saint Valbert
parvint, jeune encore, à la dignité épiscopale, bâtit l'abbaye de Saint-Paul, donna des réglements aux maisons
de Jussa-Moûtier, de Bregille et de Bèze que sa famille

_____

(1) Saint Germain fut le premier abbé de Moûtier-Grandval, et saint
Ursin fonda, au lieu dit *Clos-du-Doubs*, un monastère qui donna naissance à la petite ville de Saint-Ursanne.

avait fondées, et ne cessa d'entretenir avec son maître un commerce touchant de lettres et de prières. Dans le siècle suivant, la même pépinière nous fournit encore un évêque : c'est Abbon qui, sous le bandeau pontifical, demeure fidèle aux coutumes du cloître et demande à l'abbé de Luxeuil les moyens de raviver la discipline ecclésiastique.

Ainsi s'élevaient, sur les confins de la Bourgogne, de riches et puissants monastères ; on peut les appeler dès leur origine les boulevards de la civilisation et de la foi. D'autres maisons occupent le centre du pays : Baume-les-Moines dont on attribue la fondation à saint Lauthein, Haute-Pierre et Vaucluse, bâtis l'un dans les gorges de la Loue, l'autre au-dessus du Dessoubre. Des sites plus riants et non moins tranquilles se peuplent de vierges chrétiennes. Ici naît Baume-les-Nonnes, au fond d'un vallon gracieux bordé par le cours du Doubs; là le bourg de Faverney ouvre ses murs aux filles de saint Benoît; ailleurs s'étendent les côteaux de Château-Châlon autour du pieux et chaste asile établi par le Patrice Norbert. J'ai dit dans un autre essai quels services avaient rendus à la religion et à la société les seigneurs ou les souverains qui dotèrent les premiers monastères de femmes. Ces institutions naissantes étaient destinées à l'aristocratie barbare et puissante des deux Bourgognes, de l'Alsace et de la Lorraine. Elles devenaient pour les filles des maisons d'éducation et quelquefois un refuge pour des épouses coupables. Parmi les vierges nourries dans les cloîtres, les unes, comme sainte Odille qui fut élevée à Baume, retournaient chez leurs parents pour adoucir par l'influence secrète des vertus chrétiennes les habitudes guerrières de leur père ou de leurs frères. Les autres s'attachaient aux autels qui les avaient protégées. La naissance assurait à celles-ci un bras toujours prêt à les défendre; des donations sans nombre accroissaient les richesses de leur monastère; elles élevaient à leur tour des nièces ou d'autres parents qui, sous l'influence de la même éducation, continuaient à régénérer la famille en fortifiant l'empire de la religion.

Tel est le premier et le plus beau rôle de nos instituts monastiques, accompli par une phalange de saints sur une terre alors fertile en miracles. La propagation du Christianisme est le trait caractéristique de cette époque qui s'étend depuis le Ve jusqu'au VIIIe siècle. Alors paraît Charlemagne, cet admirable souverain qui sait imprimer à ses conquêtes, à ses bienfaits, à son nom même le caractère de sa grandeur. Il veut « que ses clercs soient » dévots au dedans, doctes au dehors; chastes pour bien » vivre, érudits pour bien parler. » Luxeuil, Lure et surtout Condat attirent ses regards et reçoivent dans plusieurs diplômes des témoignages authentiques de sa munificence, tandis que Château-Châlon abrite son cloître plus modeste sous les murs d'une forteresse élevée par les ordres du même empereur. En 817, tous les couvents d'hommes et de femmes sont réunis sous la règle de saint Benoît. Douce et modérée comme la sagesse même, elle attire par là de nouveaux prosélytes dans les maisons religieuses et donne à ces établissements le moyen d'achever leur mission parmi les peuples. Si les moines s'occupent moins de l'apostolat, on les voit, durant cette seconde période, cultiver les lettres, défricher les terres, réunir les hommes autour d'eux dans des villes et dans des bourgades, les protéger au commencement de l'époque féodale contre l'ignorance et la barbarie.

Un concile d'Aix-la-Chapelle, en demandant l'établissement de nouvelles écoles, se fondait sur ce motif si remarquable et si vrai : « que la science est nécessaire » pour détourner du vice et pour arriver à la vertu. » Ces paroles ne furent point perdues pour les enfants de saint Benoît. A l'exemple de leurs devanciers, les vies des saints, les commentaires des livres sacrés, les chroniques locales occupèrent leurs pieux loisirs. Voilà surtout ce qui distingue cette littérature qui, depuis saint Colomban, ne cessait pas d'avoir en Bourgogne d'habiles interprètes. On sait que si la langue latine fut de tout temps connue et parlée dans l'Église, c'est aux religieux que nous en sommes redevables. Les soins qu'ils prenaient des manuscrits de l'antiquité, le zèle jaloux avec lequel ils en reproduisaient les pages, l'érudition qui se révèle dans la fidélité de leurs copies, sont également dignes d'éloges. Ce n'est pas tout : si grossiers et si crédules que semblent être les légendaires de nos couvents, il n'est pas une province qui ne leur emprunte d'intéressants récits, de véridiques descriptions pour combler les lacunes de ses annales. Pendant quatre siècles, la Haute-Bourgogne n'a pas d'autres historiens. Ouvrez avec M. Ed. Clerc les cartulaires de nos grandes abbayes; consultez, comme lui, dans les Bollandistes les vies de saint Colomban, de saint Delle, de saint Ermanfroi; vous verrez apparaître à vos yeux toute la société qui a précédé les temps féodaux, sa géographie, ses traditions et ses monuments. Mannon à Saint-Claude, Anségise et Angelome à Luxeuil, figurent au nombre des Bénédictins renommés qui illustrent le IXe siècle. L'âge suivant désigne encore Adson, Constance et l'auteur anonyme de la vie de saint Delle. En vain les incursions des Normands et des Hongrois succèdent aux ravages des Sarrasins ; en vain brûle-t-on nos monastères, en vain sont-ils donnés en héritage à des favoris et à des concubines : l'esprit vivant du cloître demeure debout parmi les profanations et parmi les ruines. Ni la plume ni la bêche ne tombe des mains du religieux ; il est patient, parce que sa tâche n'est pas encore remplie. Dès que le calme renaît, les frères se réunissent de nouveau : l'un raconte dans une chronique les catastrophes qui ont ébranlé le monde, et dont le bruit ne l'a pas même assez ému pour qu'il omette le moindre détail; il parle en solitaire et non en historien; d'autres se font bûcherons, agriculteurs, maçons, architectes, le couvent s'agrandit ou sort de ses ruines.

Ce travail de défrichement et de construction était une leçon pour le reste des hommes. Si plus tard il a eu l'honneur d'exciter l'envie, on ne le contemplait alors que pour l'admirer et pour le bénir. Voyez les moines de Saint-Claude abattre des forêts vierges encore, percer des voies de communication, disputer aux frimats et aux ours les hautes chaînes du Jura que Charlemagne leur a permis de conquérir, préparer à des colons intelligents une terre ingrate où naissent bientôt, pour la gloire éternelle du monastère, une ville et des villages qui prospèrent à ses pieds (1). Les montagnes des Vosges connaissent aussi l'influence civilisatrice de la vie religieuse ; et Luxeuil et Lure deviennent des cités entourées de bourgs et de hameaux. Des deux Baume, l'un, transformé en ville, se peuple et s'accroît sous la bienfaisante

(1) La colonisation de la terre de Saint-Claude avait déjà fait de tels progrès sous les premiers Carlovingiens, que deux commissaires impériaux envoyés pour la visite de ce monastère dans la cinquième année du règne de Louis-le-Débonnaire, reconnurent qu'il possédait 840 métairies habitées et en pleine culture, et 17 autres seulement demeurées en friche. (Gollut, N.-E. col. 1783 et note 1.)

protection des nonnes qui l'habitent; l'autre, grâce à saint Bernon, fleurit dans un siècle de désordres comme un lys au milieu des ruines. Il accueille saint Odon et saint Aldegrin; sa discipline les charme, et les deux voyageurs adoptent ce nouveau séjour. La fécondité de Baume-les-Moines rappelle les commencements de la vie religieuse : c'est son abbaye qui donne le jour aux prieurés de Gigny et de Château–Salins; c'est elle qui s'honore d'avoir fondé Cluny, et la réforme que cette illustre congrégation propage au loin par les deux monastères soumis à sa conduite. Partout les habitations se groupent à l'entour des cloîtres même les plus obscurs. Dans les hautes vallées où serpente le Doubs, Mouthe, Morteau, Montbenoît, Sainte-Marie prouvent par leur naissance, et encore plus par leur rapide accroissement, qu'il n'est point de lieu si désert et de forêt si profonde où le bénédictin n'ait réuni des colons à l'ombre de sa tente protectrice.

L'instinct de la foi ne trompe jamais. Nos pères ne pouvaient choisir un refuge plus assuré, lorsque le régime féodal prévalait partout sur la faiblesse des souverains et la misère des peuples. Le X⁰ siècle est l'âge de fer des sociétés modernes; jamais la terre ne fut si pauvre; jamais ses habitants n'endurèrent tant de souffrances. La peste dévorait ceux que la famine avait épargnés, et l'esclavage était l'unique bien qu'ils pussent transmettre à

leurs enfants. Nos historiens ont recherché les lieux où
la liberté exilée rencontra quelque asile ; ils nous les montrent parmi les montagnes, au voisinage des abbayes,
dans les villes du domaine royal. En général, dit le savant Droz, les religieux n'assujettissaient point à la servitude les bourgs voisins de leurs couvents. Ainsi la
petite cité de Saint-Claude ne cessa pas d'être libre ; Château-Châlon et Baume-les-Moines ne comptaient pas de
serfs dans leur territoire ; la prévôté de Mathay garda,
sous la suzeraineté des Dames de Baume, les précieuses
franchises d'un âge plus reculé. Si cette observation est
contredite par quelques exemples, la nécessité des temps
les explique assez. Aux yeux d'un peuple ignorant et misérable, la liberté est un fardeau plutôt qu'un bienfait.
On l'aliénait donc sans regret en s'attachant à la glèbe ;
on cultivait le sol pour payer en redevances la protection du seigneur. Restait à faire le choix d'un maître.
Ira-t-on crier merci sous le donjon d'un castel, ou frap-
per à l'huis d'un monastère ? L'aspect de notre province
annonce encore assez que les châteaux inspiraient à nos
ancêtres plus de frayeur que de confiance : les abords en
sont déserts, on ne voit guère au-dessous d'eux que des
villages pauvres et sans étendue. Un écrivain du XIIe
siècle nous en donne la raison, « Tout le monde sait, »
dit Pierre-le-Vénérable, « de quelle manière les maîtres
» séculiers traitent leurs serfs et leurs serviteurs. Ils ne

» se contentent pas du service usuel qui leur est dû ; mais
» ils revendiquent sans miséricorde les biens et les per-
» sonnes. De là, outre les cens accoutumés, ils accablent
» leurs gens de services innombrables, et, chose plus
» affreuse encore ! ne vont-ils pas jusqu'à vendre pour
» un vil métal les hommes que Dieu a rachetés au prix
» de son sang? Les moines au contraire, quand ils ont
» des possessions, agissent bien différemment. Ils n'exi-
» gent des colons que les choses dues et légitimes ; ils ne
» réclament leurs services que pour les nécessités de
» leur existence ; ils ne les tourmentent par aucune exac-
» tion, et s'ils les voient nécessiteux, ils les nourrissent
» de leur propre substance. Ils ne les traitent pas en es-
» claves, en serviteurs, mais en frères. »

Lorsque Pierre-le-Vénérable écrivait cette apologie,
il consultait son propre cœur plus que celui de ses frères,
les souvenirs de l'ordre de saint Benoît plus que l'esprit
qui l'animait alors. Dernier représentant de la ferveur et
de la science dans Cluny, ce saint abbé emporta au tombeau la gloire des Bénédictins. Nos monastères avaient
déjà méconnu leur mission. Les richesses les corrom-
paient, car ils commençaient à en user pour eux-mêmes;
l'indépendance acheva leur perte, dès qu'ils la défen-
dirent contre les évêques et contre les princes, soit pour
se soustraire à la surveillance des uns, soit pour disputer
avec les autres d'orgueil et de puissance. Détournons nos

regards de ces sanctuaires antiques dont la beauté primitive s'efface peu à peu sous la poussière du temps. Que les abbés de Luxeuil, de Lure et de Saint-Claude se parent du titre de prince, fassent des alliances, entreprennent des guerres, soutiennent des siéges; trop de sollicitude pour leurs intérêts temporels, et parfois trop de revers les préoccupent désormais pour qu'ils suffisent aux besoins de la société chrétienne et à l'accomplissement des desseins providentiels. .

Le XIᵉ siècle, en se terminant par le spectacle magnifique de la première croisade, lègue à l'âge qui commence un esprit dont il faut seconder l'essor. Une activité inquiète se répand dans toutes les âmes, une foi brûlante les entraîne, toutes les parties du corps social s'animent d'un nouveau degré de vie. La science, le pouvoir politique, le patronage des faibles, tout échappe à l'ordre de saint Benoît, et d'habiles rivaux recueillent cet héritage. Ce sont les écoles de Paris, où une jeunesse avide se presse autour des chaires de Guillaume de Champeaux et d'Abeilard; ce sont les communes qui obtiennent des franchises, prémices de la liberté recouvrée; c'est la royauté qui se débarrasse de ses langes, commence à marcher et s'élève peu à peu à la hauteur de sa mission en France et en Bourgogne. Là, grâce à l'habileté du ministre Suger, ici, par l'ascendant du génie uni à la force dans l'empereur Frédéric-

Barberousse. Mais les vertus monastiques restèrent-elles sans asile ? Qui viendra réunir et guider encore les hommes amis de la prière et de la solitude ? La raison a ses interprètes, le pouvoir ses défenseurs, la liberté ses garanties. Voici saint Bernard, l'homme de la foi, et c'est à ce titre seul qu'il est encore le roi de son siècle. Doué d'un génie prodigieux et d'un cœur brûlant de zèle, il préside à toutes les entreprises, combat toutes les erreurs, inspire tous les genres de dévouement. On sait de quel ascendant il jouissait dans les cours, avec quelle hardiesse il reprenait les pontifes, quels charmes ineffables attribuaient à sa parole des populations tout entières, avec quel enthousiasme elles se levaient à sa voix pour tenter de nouveau la conquête de l'Orient. Mais la plus remarquable de toutes ses œuvres fut sans contredit la fondation de Clairvaux. Peut-on croire que les besoins de l'époque n'exigeaient pas cette institution quand, à l'appel d'un religieux, apparaissent de toutes parts, en France, en Bourgogne, en Helvétie, en Allemagne, des troupes de cénobites qui se rangent d'elles-mêmes sous les lois les plus austères ? L'illustre abbé de Clairvaux craint pour ses enfants la dissipation et le bruit. Il les cache, loin des villes, dans les lieux les moins agréables à la vue, mais les plus favorables au recueillement. Parcourez les sites qu'il avait choisis : une source limpide en est tout l'ornement ; de vastes et sombres forêts les entourent, le soleil même n'y pénètre qu'à regret. En outre, les frères sont assujettis au travail manuel comme à la méditation; leurs rapports entre eux sont aussi rares que bien réglés; ils exerceront l'hospitalité envers les riches, sans oublier qu'ils doivent surtout aux pauvres le double bienfait de l'instruction et de l'aumône.

Que ne peut la foi aidée du génie! moins de vingt ans suffirent à saint Bernard pour élever en Franche-Comté plus de monastères que l'ordre de saint Benoît n'en avait fondés dans huit siècles, tant on avait besoin de pénitence, de prière et de paix! ce furent Bellevaux, Balerne, Cherlieu, Acey, Theuley, Rosières, Bithaine, Clairefontaine, Lieucroissant, La Grâce-Dieu, La Charité et Billon. Favorisées, dans l'origine, par l'esprit de générosité des nobles pélerins qui donnaient leurs biens aux couvents avant de partir pour la croisade, ces retraites nouvelles plaisaient au comte Rainaud III, à son gendre Frédéric Barberousse et surtout à Anséric, archevêque de Besançon. On ne se lassait pas de les enrichir, comme pour élever leur fortune à la hauteur de leur vertu. Jusqu'au commencement du XIVᵉ siècle, les Bernardins se montrent dignes des largesses répandues sur eux. Bellevaux, la plus célèbre de ces abbayes, parle avec gloire du nom, des travaux et du zèle de Pontius, son fondateur. Saint Pierre de Tarentaise vient y mourir, les souverains

**

y séjournent, la noblesse Bourguignone s'y rassemble pour les obsèques de Jean de Vienne, mort glorieusement dans les champs de Nicopolis. A Cherlieu, Guy, le premier abbé, retrace dans sa conduite les vertus de saint Bernard, et ses successeurs bâtissent la magnifique église qui sert de modèle à celle d'Acey. Theuley, si cher aux preux de Vergy, reçoit leurs dépouilles mortelles; La Charité mérite les faveurs de la maison de Châlons; Lieucroissant prospère grâce aux libéralités des comtes de Montbéliard et de la Roche, des seigneurs de Montfaucon, de Neufchâtel, de Rougemont et de Granges. Rosières reçoit sa dotation des sires de Salins; la maison de Faucogney ne se montre pas moins généreuse envers Bithaine; enfin les Montfaucon que nous venons de nommer protègent encore tout à la fois Bellevaux, Billon et La Grâce-Dieu. Sous les auspices de Cîteaux, l'agriculture fait dans des sites les plus divers des progrès remarquables. D'abord les moines cultivent eux-mêmes leurs possessions, et, après les avoir fécondées par leurs sueurs, ils prennent le parti de les acenser. De là tant de fermes qui remontent aux XIIIe et XIVe siècles et qui sont aujourd'hui des villages plus ou moins considérables. C'est ainsi que les principales localités du canton de Lisle-sur-le-Doubs doivent à Lieucroissant leur origine ou leurs agrandissements; avant

de s'enrichir des dépouilles du cloître, le chef-lieu lui-
même profita longtemps de ses bienfaits.

Dès que le travail manuel eut cessé dans l'ordre de Cîteaux, le relâchement s'y introduisit avec l'oisiveté.
Benoît XII essaya de remédier au mal. Ce souverain
pontife, qui avait été élevé parmi les enfants de saint Bernard, consulta les principaux abbés, leur communiqua
ses vues et fit publier, le 12 juillet 1335, une bulle de
réformation. On statua que, pour l'instruction des jeunes
religieux, des maisons d'étude seraient fondées auprès
des Universités les plus fameuses, à Boulogne, à Sala-
manque, à Oxford, à Metz, à Toulouse et à Montpellier.
Un collége de Bernardins existait déjà à Paris ; Benoît XII
voulut qu'on y bâtît une magnifique église. Il régla la
pension des maîtres et des élèves et défendit l'étude du
droit canon, de peur que sa connaissance n'inspirât aux
moines le désir d'acquérir des bénéfices ou de plaider
pour les conserver.

Que les temps étaient changés ! Le religieux n'ensei-
gnait plus, il avait quitté ce noble rôle pour devenir
l'humble disciple d'un séculier dans une école fréquentée
par une bruyante jeunesse. Signalons cependant en Franche-Comté l'abbaye de Balerne, comme une exception
remarquable. Dans le courant du XVe siècle, elle s'honore d'avoir eu pour chef Pierre Maréchal qui s'acquit
une grande réputation par ses leçons de théologie ; Jean

Raulin, conseiller des ducs de Bourgogne, évêque de Châlons, puis cardinal du titre de saint Etienne au Mont-Cœlius ; Jean de Cirey, de Dijon, qui monta sur le siége de Cîteaux en 1476. L'école de Balerne se composait de deux sections, l'une élémentaire, l'autre destinée aux études supérieures. L'histoire y trouva des interprètes dans deux abbés du XVIe et du XVIIe siècle : ce furent Simon Friand, qui, au rapport de D. Grappin, écrivit d'intéressants mémoires sur les règnes de Charles-le-Téméraire et de son gendre l'archiduc Maximilien, et Philippe Chifflet, auteur de curieuses recherches sur le prieuré de Bellefontaine, mais plus connu encore par son édition des canons du concile de Trente.

Indépendamment de l'école de Balerne, l'ordre de Cîteaux fonda un collége à Dole pour les monastères de Franche-Comté (1498). Il parut jaloux de veiller à la prospérité de cet établissement ; mais le succès ne répondit point à l'espérance qu'on en avait conçue. Les Bernardins ne semblaient pas nés pour les lettres. Destinés à d'autres travaux par l'instituteur de leur congrégation, ils apportèrent dans leurs veilles tardives un cœur déjà amolli par la paresse et par le luxe. Un autre abus vint aggraver le mal. Toutes les maisons de l'ordre tombèrent en commende, à l'exception de La Grâce-Dieu qui dut à la médiocrité de ses ressources de ne point exciter la cupidité. Les abbés de ces couvents dégénérés refusèrent de payer, dans les universités, la pension des maîtres et des religieux, afin d'accroître par là leurs propres revenus. Pierre de Nivelle, qui gouvernait Cîteaux en 1626, fit des réglements à ce sujet ; mais l'avarice des commendataires sut les éluder encore, et les fils de saint Bernard, désormais inhabiles à l'étude comme au travail manuel, languirent dans un honteux repos sans dignité et presque sans vertu.

Dieu change à son gré les instruments de sa providence. Le relâchement se fut à peine glissé dans Cîteaux, que d'autres institutions devinrent indispensables pour soulager les pauvres, annoncer la parole sainte et entretenir l'esprit de prière. Cette mission, oubliée par les vieux monastères, était d'ailleurs peu comprise par le clergé séculier, dont les mœurs meritèrent de graves reproches depuis le XIVe jusqu'au XVIIe siècle. C'était le temps où la féodalité livrait aux princes ses derniers combats ; le peuple était séditieux autant que redoutable, et la guerre étrangère se mêlait sans cesse à des querelles intérieures. La ligue de nos grands barons contre le duc Eudes IV, les incursions des Anglais, les folles entreprises de Charles-le-Téméraire, l'occupation de la Bourgogne par Louis XI, amenèrent tour-à-tour une grande agitation, inséparable d'ailleurs de l'ignorance et des mauvaises mœurs. Plus on s'éloignait de la foi et de la simplicité primitives, plus les auxiliaires du bras divin devaient se multiplier dans tous les lieux et sous tous les noms. La réforme religieuse qui se préparait en Allemagne tentera un jour d'envahir la Bourgogne et viendra se fixer à ses portes, sous le patronage des princes de Montbéliard de la maison de Wurtemberg, des comtes de Neufchâtel et de quelques cantons de la Suisse.

La décadence des Bénédictins et des Bernardins fournira à cette redoutable ennemie des arguments meilleurs encore que les armes. Prier, instruire, disputer au besoin, tous les rôles sont nécessaires dans des circonstances si difficiles. Enfin la solitude ne sera plus le partage des religieux. Qu'ils aillent au-devant de toutes les misères, qu'ils se mêlent, pour les mieux connaître, à toutes les vicissitudes de la vie civile! Le monde est trop corrompu pour pleurer sur ses crimes; il est trop agité pour demander lui-même à la science et à la foi des remèdes dont il ne sent pas l'urgente nécessité. Ce sont désormais les ordres religieux qui vont les offrir et les appliquer, en établissant leur séjour au milieu des populations réunies : tâche nouvelle dont l'exercice commence sitôt que les anciennes congrégations ont abandonné une partie de la leur, et qui embrasse les six derniers siècles de nos annales.

Un grand nombre de communautés nouvelles se partagent cette œuvre magnifique. A l'origine se montrent les ordres hospitaliers, si dévoués aux pauvres et aux

malades. Ils ouvrent, sous l'invocation du Saint-Esprit,
à Besançon, à Gray, à Dole, à Poligny, à Vesoul, et
dans quelques autres lieux moins importants, des re-
fuges où l'on accueille, avec toute la délicatesse de la
charité chrétienne, les victimes de l'inconduite, de la
misère, de la guerre ou de la peste. Pendant ce temps
là, deux modèles nouveaux de désintéressement religieux, saint Dominique et saint François d'Assise fondent les ordres mendiants. Dès l'aurore de leur institution, les frères prêcheurs viennent en Franche-Comté,
veiller à la pureté de la foi et répandre ses divines lumières. Besançon, Poligny, Montbozon, Quingey sont
choisis pour lieux de leur résidence. L'amour de l'humilité et de la pénitence que prêche saint François d'Assise
plaît encore davantage. L'ordre des Cordeliers commence
à Besançon, se propage à Gray, à Salins et à Lons-le-
Saunier, réforme à Dole (1) sa discipline affaiblie (1362)
et bâtit, sous le régime de cette étroite observance, les
couvents de Chariez (1417) de Sellières (1414) de Rougemont (1449) et de Nozeroy (1460). Amis du peuple,
consolateurs des affligés, vivant de l'aumône ou du travail
de leurs mains, les frères mineurs font par leur établis-

(1) Un religieux de cet ordre, F. Pierre de la Barre, originaire de
Dole, devint docteur de Sorbonne et professeur en l'Université de Pa-
ris, puis évêque d'Andreville en 1616 et suffragant de l'archevêque de
Besançon.

sement une sorte de protestation sublime contre les richesses des cloîtres dégénérés. Ainsi la foi de nos pères ne manque jamais d'appui. Si les désordres de certaines abbayes peuvent l'ébranler, elle s'affermit en admirant ailleurs des exemples de sainteté monastique.

La réformation des Clarisses par sainte Colette date du XVe siècle. On sait que Poligny en fut le berceau et que deux cordeliers, tous deux Francs-Comtois, Jean Pinet, et Henri de Baume secondèrent par leurs conseils l'œuvre de cette vierge inspirée de Dieu. La rigueur de cette nouvelle règle servit de contre-poids à la décadence des couvents de femmes, plus riches et plus anciens. Baume-les-Dames, Montigny, Remiremont, Château-Châlon, Onnans, Battant commençaient à ne devenir accessibles qu'aux demoiselles nobles. La naissance ne saurait être une garantie de vertu; on l'oublia et cette erreur, en consommant la ruine morale de quelques maisons, détermina, en faveur des filles du peuple, la fondation d'un grand nombre d'établissements religieux. Nommons les Ursulines, les Annonciades, les Visitandines et les Carmélites. Ces congrégations se répandirent en Franche-Comté pendant le XVIe et le XVIIe siècle. Les noms de sainte Thérèse et de saint François de Sales recommandaient assez les filles de leur institut; on les accueillait donc avec joie, et on s'empressait de pourvoir à leurs besoins. Il n'est point de ville qui n'ait possédé

un ou plusieurs de ces couvents dont la double mission
était de répandre, par l'enseignement, les bienfaits de
l'éducation chrétienne dans toutes les classes de la société, et de donner à quelques âmes d'élite un moyen
facile de suivre leur attrait pour une vie plus parfaite.

A côté des retraites où prient et enseignent les vierges
de ces observances, d'autres femmes, d'autres anges,
debout au chevet du malheur, pansent les plaies de
l'indigent ou les nobles blessures du soldat. Ce sont les
religieuses hospitalières. On les trouve à Besançon, à
Vesoul, à Dole, à Gray, à Baume, à Ornans, à Salins,
à Pontarlier, etc., partout où il y a assez de pauvres
et de malades pour exercer l'ingénieuse et tendre charité dont leur cœur est rempli. Leur mission ne commença en Franche-Comté qu'à la fin du XVIIᵉ siècle.
Mais on connut assez leur dévouement pour l'apprécier.
La révolution qui les dispersa ne put effacer le souvenir
de leurs vertus, et par un privilége digne de remarque,
de tous les costumes religieux ce fut leur habit qui,
après l'orage, reparut le premier au milieu de la société
actuelle. Les héroïnes de la charité ont déjà réconcilié
notre époque avec l'esprit et les pratiques du cloître,
mis au service de l'humanité souffrante.

Si l'influence de ces couvents divers se dérobait au
monde sous le voile de la modestie et derrière une grille
austère, les vertus publiques habitaient parmi des con-

grégations d'hommes récemment fondées. Sans parler des Carmes des deux observances (1) qui vaquaient surtout à la prière (2), ni des Minimes parmi lesquels on compte des théologiens et des mathématiciens distingués (3), les Capucins, les Oratoriens et les Jésuites n'ont pas moins droit aux hommages de l'historien. Ferdinand de Rye et Antoine-Pierre de Grammont, archevêque de Besançon, témoignèrent à ces religieux le plus vif intérêt. Les uns, utiles auxiliaires des prêtres des campagnes pour l'administration des sacrements et la prédication de l'Evangile, se bornèrent ordinairement à ce rôle modeste, et le remplirent avec autant de succès que de simplicité. Le paysan les aimait et leur faisait l'aumône volontiers. Le grand nombre des maisons qu'ils ont bâties prouve assez

(1) Ils s'établirent à Besançon déjà vers 1392, à Dole en 1622, à Marnay et à Salins en 1625, à Gray en 1645, à Bletterans en 1664, à Saint-Claude en 1717.

(2) Les Carmes réformés ont cependant fourni dans notre province quelques hommes d'un grand mérite : les deux frères Ballyet, l'un général de son ordre, l'autre évêque et consul de France à Bagdad, savant numismate; le P. Elisée, l'un des plus célèbres prédicateurs du 18e siécle, et son cousin, le P. Césaire, chapelain de l'ambassadeur de France à Naples et qui, prêchant en français, ravissait même ceux de ses auditeurs qui n'avaient point l'intelligence de cette langue.

(3) Leur introduction à Ornans date de 1606, à Besançon de 1607, à Dole de 1624, à Consolation de 1666. Les PP. Fau, Lallemandet, Roussel se sont rendus recommandables dans cet ordre par leurs talents pour la théologie et pour les sciences exactes. Dans les derniers temps le couvent de Dole a donné le P. Laire, l'un des plus savants bibliographes du dernier siécle.

qu'ils cherchaient l'avantage d'autrui et non point une commode aisance. On en compte jusqu'à dix-sept : elles s'établirent en moins de cinquante ans (1). On est étonné en voyant le grand nombre d'hommes distingués qu'a fourni dans notre seule province cet ordre dont de prétendus sages avaient rendu l'ignorance proverbiale. Le P. Louis de Dole et le P. Gratien de Montfort étaient deux grands théologiens au 17e siècle. Le P. Julien de Rignosot a laissé la relation de son voyage à Constantinople, où il mourut de la peste en 1710. Le P. Romain Joly, de Saint-Claude, le P. Sixte de Vesoul le P. Tiburce de Jussey, le P. Chrysologue de Gy, le P. Dunand étaient de savants géographes, des orientalistes, des naturalistes, des astronomes, des historiens, etc. Théologiens plus instruits et prédicateurs des classes plus élevées, les Oratoriens n'eurent de couvents qu'à Poligny (1617), à Salins (1623) et à Besançon (1664). Mais le génie, la sainteté, l'onction pénétrante du P. Le Jeune ont suffi pour assurer leur influence dans la province et pour y perpétuer leur gloire.

Louons aussi les Jésuites sans affectation comme sans

---

(1) Les Capucins fondent des couvents à Salins (1583), à Dole (1587), à Gray (1588), à Besançon (1607), à Vesoul (1608), à Poligny (1614), à Pontarlier (1618), à Champlitte et à Lons-le-Saunier (1619), à Luxeuil (1620), à Faucogney, à Pesmes, à Jussey (1621), à Baume et à Lure (1624), à Saint-Amour (1628), à Saint-Claude (1639).

réserve ; ils n'ont laissé en Franche-Comté que d'hono-
rables souvenirs : pour un historien sincère, ces souvenirs sont des lois. Dans la province, Dole posséda le
premier et le plus célèbre de leurs colléges (1582). Besançon (1597), Vesoul (1610), Pontarlier (1613), Salins (1624), Gray (1653), doivent à cette illustre compagnie leurs écoles publiques. Elle a donné aux lettres les
PP. Chifflet (1), Lambert, Voël, Clément, Mayre, pro-
fesseurs pleins d'érudition et de goût ; aux sciences et
à l'histoire les PP. J. François, de Saint-Claude, ma-
thématicien, Richard, d'Ornans, éditeur d'Apollonius
de Perge, Dunod, l'auteur de la *Découverte de la ville
d'Antre*, Panel, mort garde des médailles du cabinet
du roi d'Espagne ; à la chaire, le P. Oudeau, de Gray,
auteur de plusieurs panégyriques, les PP. Guillemin,
connu par des discours du même genre, Nicolas Pa-
touillet, l'ami et le compagnon de Bourdaloue, Joseph
de Menoux, prédicateur du roi Stanislas ; aux missions,
les PP. Parennin et Attiret qui ont exploré et évangélisé la
Chine au nom de Jésus-Christ, Jacques Ranconnier dont
les lettres sur le Paraguay ont fait couler les larmes de M.

_____

(1) Cette famille illustre dans les lettres a donné deux membres à la
Société de Jésus, Pierre François Chifflet, à qui l'on doit un grand
nombre de savants ouvrages historiques, et Laurent Chifflet, auteur de
plusieurs écrits ascétiques et dont le nom se trouve à la tête de la meil-
leure édition du *Dictionnaire polyglote de Calepin*.

de Châteaubriand, Sébastien Racle, mort en 1724, victime des Anglais et martyr de la foi chez les sauvages de l'Amérique. Tels sont les hommes que les Jésuites choisissaient dans notre patrie pour recruter leur société. D'autres, élevés par les mêmes maîtres, sont devenus l'honneur du sacerdoce, de la magistrature et du barreau. Supprimés dans le royaume en 1764, les disciples de saint Ignace ont emporté, en quittant la province, des regrets dont l'expression n'est pas suspecte. On disait à Dole : « la » ville a tout perdu depuis le départ du parlement et le » renvoi des Jésuites. » On écrivait à Gray « que ces insti- » tuteurs de la jeunesse, si habiles et si dévoués, n'a- » vaient pu trouver de dignes continuateurs, même dans » les rangs du clergé sans reproche (1), » et le conseil de ville, par une lettre publique, adressait à la compagnie les plus flatteurs remercîments. Enfin le parlement de Franche-Comté fut une des quatre cours souveraines qui, s'opposant à l'abolition de l'Ordre, refusèrent l'enregistrement des lettres patentes qui l'avaient décrété.

On préludait, par la destruction des Jésuites, à celle des autres ordres religieux. Avant ce dernier attentat, une ère de labeurs et de gloire s'accomplissait encore pour les bénédictins de la province. Les maisons de Saint-Vincent, de Faverney et de Luxeuil s'étaient régénérées

(1) Rech. hist. par M. Crestin, 233—235.

en acceptant la réforme de Saint-Vannes, et depuis plus d'un siècle elles donnaient le jour à une foule d'hommes vertueux et savants que saint Benoît n'eût point désavoués. D. Coquelin, D. Payen, D. Couderet, D. Feron et surtout D. Berthod et D. Grappin parurent à la tête de cette troupe d'élite qui recueillit, classa et mit en œuvre presque toutes nos archives civiles et monastiques. On dirait aujourd'hui qu'ils ont écrit, copié, compulsé avec la prévision d'un prochain bouleversement, tant ils montrèrent de zèle à apporter le tribut de leur érudition dans tous les débats littéraires et historiques de cette époque. Ce travail était en effet le testament de leur ordre. Il fut à peine achevé que la révolution française éclata; l'histoire a dit le reste, mais elle ne l'a pas encore apprécié sainement.

Tout s'est renouvelé parmi nous, les institutions, les idées, les mœurs et les hommes : la foi seule n'a pas changé. Pourquoi n'aurait-elle plus ses héros? Pourquoi cesserait-elle d'inspirer à quelques âmes de sublimes sacrifices et d'offrir aux victimes des passions ces demeures de la piété et du recueillement où nos pères reposaient leur tête? J'ignore quelle sera, en Franche-Comté la destinée future des ordres religieux. On peut cependant assurer que si une catastrophe a détruit leurs établissements et fait vendre leurs biens, elle n'a pas mis fin à leur histoire. Déjà nous les voyons renaître de leurs cen-

dres : sans changer d'esprit, sages autant que dévoués,
ils modifient leurs moyens d'action, selon les circonstances
et les hommes. Quelques maisons d'éducation et de refuge, des hôpitaux, des ateliers de charité, un cloître
inachevé au Val de Sainte-Marie, les ruines de Montigny,
d'Acey et de La Grâce-Dieu, voilà tout ce que l'esprit
monastique, encouragé par deux prélats, guidé par leurs
conseils, animé par leurs bienfaits, a pu jusqu'ici conserver ou reconquérir dans nos contrées. Que Dieu
protège les prémices de cette renaissance ! ce n'est plus
le temps de craindre pour les maisons religieuses l'amour
de l'indépendance, des richesses et de l'oisiveté. Humbles, pauvres, soumises à l'autorité diocésaine, elles
s'accroîtront et se multiplieront sans danger pour elles-
mêmes. Les sympathies, les succès ne leur manqueront
pas, et leur action sur la société, pour avoir moins d'é-
clat, ne sera ni moins certaine ni moins durable.

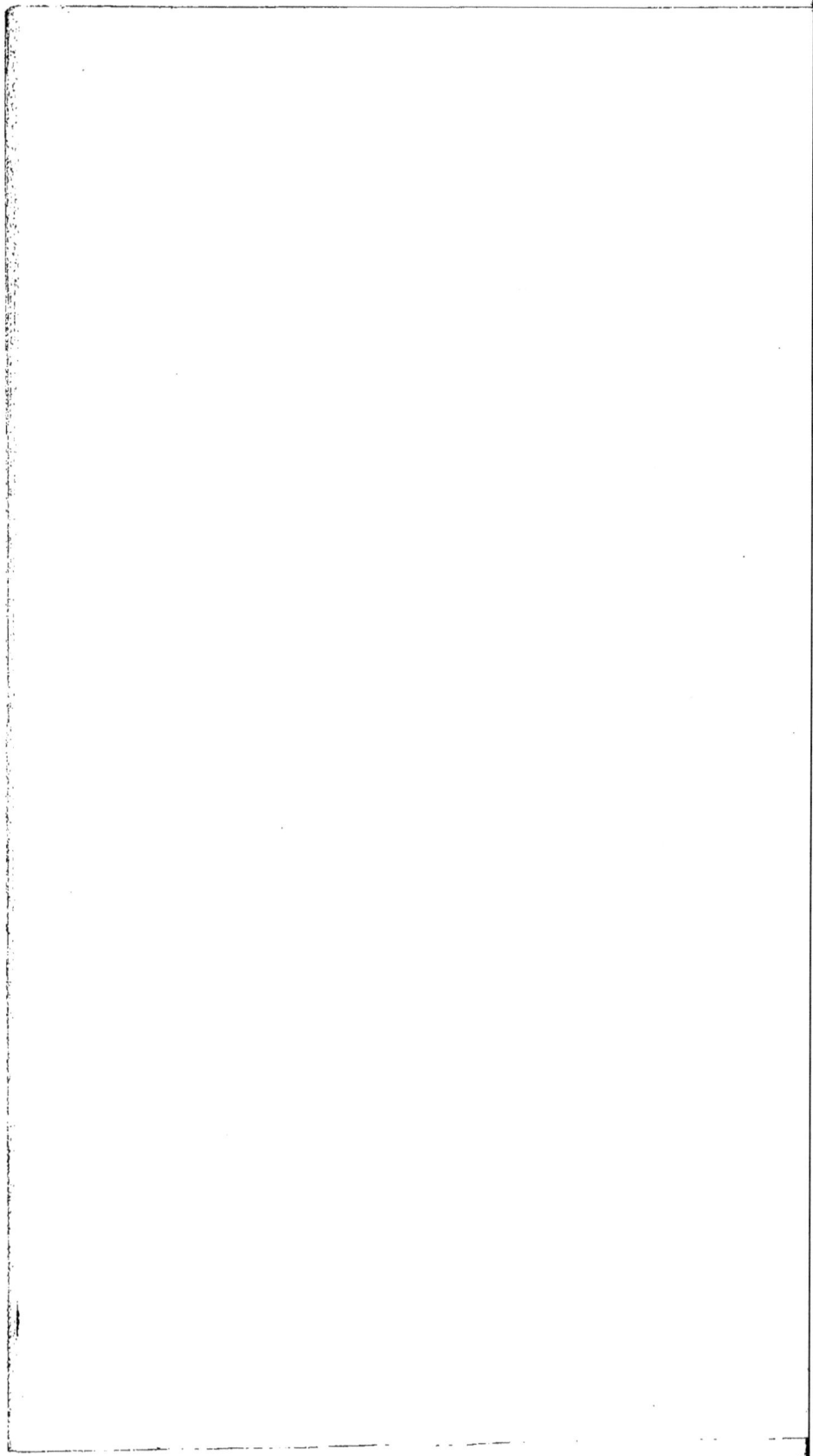

MÉMOIRE HISTORIQUE

SUR

L'ABBAYE DE CHERLIEU.

❖❖❖❖❖❖❖❖❖❖❖❖❖❖❖❖❖❖❖❖❖❖❖❖❖❖❖❖❖❖❖❖❖❖❖

CHAPITRE Iᵉʳ.

Fondation de Cherlieu. — Germain , prieur. — Guy , premier abbé. —
Maisons de la filiation de Cherlieu. — Saint Bernard , ses rapports
avec notre abbaye. — Il défend Guy contre ses persécuteurs et écrit
pour lui au pape Innocent II. — Successeurs de Guy jusqu'à la fin du
XIIᵉ siècle. — Les évêques et les princes enrichissent à l'envi notre
monastère.

Il est peu de retraites aussi convenables que Cherlieu
à la prière et au silence. De quelque côté qu'on l'aborde,
on le trouve défendu contre les bruits du monde par de
sombres forêts ou de profondes ravines. Un quart-d'heure
suffit pour parcourir cette vallée perdue au fond des
bois, et la source qui l'arrose se tait dans la lenteur de
son cours, comme si elle craignait de troubler par le
plus léger murmure l'impression mélancolique dont le
cœur est saisi. A l'aspect de cette solitude, on est déjà
certain que d'humbles et fervents anachorètes en ont été
les premiers habitants. Je ne rechercherai donc point
d'antiquités celtiques ou romaines parmi les ruines du
monastère. Les environs même, encore tout couverts de
bois, paraissent n'avoir dû qu'aux mains des cénobites
les sillons où passe aujourd'hui la charrue. Cependant
on a trouvé à Noroy–les–Jussey quelques tombeaux en

1

pierre de grès, de forme oblongue, avec une sorte de voûte également en pierre, qui leur sert de couvercle. Ces sarcophages appartiennent à l'époque gallo-romaine. Signalons aussi, sur le territoire du même village, une petite chapelle dédiée à saint Martin. La tradition populaire la regarde comme antérieure à toutes les églises du pays (1). Elle attirait autrefois un grand concours de pélerins, et on y obtenait, par l'intercession du saint patron, certaines guérisons d'un caractère miraculeux.

Ainsi, quelques débris épars, des tombeaux, une chapelle antique fréquentée par les habitants des hameaux lointains, voilà tout ce que les environs de Cherlieu nous révèlent avant la fondation de l'abbaye. Jussey en est éloigné de près de deux lieues; au sud-est passait la voie romaine de Langres à Besançon, bordée par les restes d'un camp et par des villages d'une origine fort reculée, tels que Bourguignon et Seveux. Mais les riches plaines de Port et d'Amaous demeuraient encore à peu près sans culture.

Il était réservé au génie de saint Bernard de faire fleurir ces solitudes de la Haute-Bourgogne. En quelques années, *Bellevaux* s'élève, soutenu par le nom du grand homme et par l'autorité de ses miracles; *Theuley* (*Theolocus*) reçoit son nom de la destination religieuse qu'un seigneur lui donne; une colonie de Morimond se fixe à *Clairefontaine*. *La Charité* périssait sous le patronage des chanoines de Saint-Paul; elle prospère en se soumettant aux lois de Clairvaux. *Cherlieu* remonte à la même époque et revendique des souvenirs non moins glorieux.

---

(1) En général, les églises placées sous le vocable de saint Martin ou de saint Pierre remontent à la plus haute antiquité chrétienne.

Ce ne fut d'abord qu'un petit prieuré dont quelques chroniques attribuent la fondation à une dame de haute naissance. Elles rapportent que son fils unique fit une chute mortelle en se promenant dans le vallon, et qu'au bruit de cet accident, la mère s'écria avec douleur : *que ce lieu me coûte cher !* Telle serait l'étymologie de Cherlieu. Il est plus raisonnable de croire que l'affection particulière dont saint Bernard et les comtes de Bourgogne ont honoré cette maison, n'est pas étrangère au nom qu'elle a pris. Quoi qu'il en soit, on doit rapporter son établissement à une époque assez rapprochée de l'an 1127. Car cette année-là, Anséric, archevêque de Besançon, assura par une charte, à Germain, prieur de Cherlieu, la possession de quelques dîmes et autres biens dont les seigneurs du voisinage avaient doté son église naissante (1). Ces premiers bienfaiteurs sont les nobles de Jussey et Renaud III, comte de Bourgogne. Celui-ci était le protecteur déclaré des établissements monastiques ; et ses dons en faveur de notre abbaye furent rappelés, comme on le verra plus loin, dans un diplôme émané de son gendre, l'empereur Frédéric-Barberousse (2). La générosité des nobles de Jussey envers Cherlieu est attestée par plusieurs actes du XIIe siècle. Plus voisins du cloître qui commençait à s'élever, ils ont dû en mieux connaître les besoins. Une misère extrême y régnait alors, si l'on en croit la tradition du pays. Le prieur et ses compagnons étaient réduits à manger des feuilles de

(1) Cette pièce importante dont il ne nous reste qu'une indication, commence par ces mots : *Germane*, *fili karissime*. (Annuaire de la Haute-Saône, 1842.)

(2) V. Béatrice de Châlons, 88, 89.

hêtre, et les habitants du voisinage, touchés de la résignation qu'ils montraient dans un état si digne de pitié, leur apportaient de temps à autre des aliments plus convenables. Parmi les offrandes qui pourvurent à une nécessité si pressante, se trouve une terre située à Marlay (1127). Le cartulaire de Cherlieu lui assigne pour limites le *vieux chemin* qui conduit à Jussey et les chênes nommés *les Deux-Frères* (1). Gislebert de Jussey est l'auteur de ce bienfait, du consentement de plusieurs membres de sa famille (2).

Tels sont les commencements de Cherlieu. Plus humble et plus obscur à son berceau que ne le fut jamais aucun monastère, bientôt il s'agrandit et sa réputation s'étend au loin avec une rapidité qui tient du prodige. En 1131, Germain qui n'était qu'un simple prieur a cessé de vivre; Guy ou Vidon lui a succédé avec le titre d'abbé. Guy, muni des instructions de saint Bernard, avait quitté Clairvaux à la tête de douze religieux. Des cérémonies mystiques, pleines de sens comme toute la liturgie de l'église, avaient signalé son départ et assuré à l'abbaye d'où il sortait des droits de maternité sur le nouveau couvent. Il prend possession de Cherlieu; les cloîtres s'augmentent; le nombre des prosélytes croît chaque jour, et l'abbé compte de bonne heure parmi les prélats les plus distingués de la Bourgogne. En 1132, son nom figure dans un acte du plus haut intérêt. An-

---

(1) *Ab* antiquâ viâ *quà itur ad Jussiacum, usquè ad quercus que vocantur* duo fratres. (Cart. de Cherlieu, à la Bibl. royale.)

(2) *Gislebertus de Jussiaco, vocatus Paganus, Rufus et Odo et Calo et Richardus, sororius ejus et uxor sua Bertha.* (Cart. de Cherlieu.) *Paganus* signifie celui qui commande dans un bourg ou lieu fortifié.

séric, archevêque de Besançon, venait de consentir à l'union de Faverney et de la Chaise-Dieu. La charte dans laquelle ses volontés sont exprimées est signée par Pierre de Traves, doyen de Saint-Etienne, Hugues, cha-noine-archidiacre de Faverney, Hugues, abbé de Luxeuil, Guy de Cherlieu, Lambert de Clairefontaine, Guy, sei-gneur de Jonvelle, Humbert de Jussey, Guillaume d'Ar-guel et Thiébaud de Rougemont (1).

Une chronique porte jusqu'à 600 le nombre des moines soumis à l'autorité de Guy. Ce chiffre ne paraît point exagéré, lorsque l'on voit les colonies de notre mona-stère se propager, en quatre années seulement, en Fran-ce, en Bourgogne et en Helvétie, contrées où elles donnent elles-mêmes de nouvelles filles à Cîteaux. Acey, Hauterive, le Gard et Haut-Crêt, doivent leur origine aux principaux disciples du premier abbé de Cherlieu. Je rappelle en peu de mots cette tradition :

Deux anachorètes, Constantin et Robert, s'étaient fi-xés, vers l'an 1128, dans le val de Saint-Jean, retraite charmante où l'Ognon promène ses eaux tranquilles et fécondes. Leur ermitage plut au comte Renaud III ; il le transforma en abbaye et, pour le rendre plus digne des enfants de saint Bernard, il y prodigua avec une glo-rieuse imprévoyance les riches épargnes de son trésor. Les libéralités des sires de Thervay, de Pesmes, d'Ou-gney et de Montmirey accrurent aussi les biens du nou-veau monastère qui prit le nom d'Acey. Philippe, moine de Cherlieu, le gouverna le premier, et la maison de-vint assez florissante pour donner dans le même siècle

(1) Mabillon, Annales bénéd. VI, 63.

naissance au couvent de Polisy, en Hongrie (1180). De Polisy sortirent plus tard les religieux de Pasrot (1190) et de Beel, diocèse d'Agra (1232) (1).

La Bourgogne ne suffisait plus à l'ardeur créatrice des Cisterciens. En 1137, une nouvelle colonie partit de Cherlieu pour établir, dans le diocèse d'Amiens, l'abbaye du Gard. La fondation de Haut-Crêt, dans le diocèse de Lausanne, appartient encore à l'abbé Guy et remonte à l'an 1134. L'évêque de cette ville fit parvenir à notre prélat l'acte de prise de possession. Ce titre par lequel la filiation de Cherlieu est expressément reconnue, fut renouvelé en 1139 (2).

Sous le rapport de l'ancienneté, l'abbaye de Hauterive ne le cède guère aux maisons que nous venons de nommer. Elle doit ses richesses à Guillaume de Glane et ses constitutions à Clairvaux. Deux chartes, l'une de 1137, l'autre de 1140, établissent clairement, de l'autorité de l'évêque de Lausanne, les rapports de dépendance qui unissent Hauterive à Cherlieu (3). Guy avait placé à la tête de ce nouveau monastère un fervent disciple de saint Bernard. Gérard était son nom. Il donna asile à l'illustre abbé de Clairvaux, lorsque celui-ci passait par l'Uchtland (actuellement canton de Fribourg) pour se rendre au concile de Latran, et mourut quelque temps après en odeur de sainteté. L'un de ses successeurs fut Astralabe, fils d'Héloïse et d'Abeillard (4). Dans le siècle

(1) Dunod, Hist. de l'église, t. I, p. 149. — Ann. du Jura (1841), p. 56 et suivantes.
(2) Zapf, Monum. anec. aux preuves, N° XXXVIII.
(3) Ibid. N° XXXIX et XLI.
(4) Berchtold, Hist. de Fribourg. I.—Guillaume de Glane, le dernier

suivant, les abbés d'Hauterive entretinrent encore des relations utiles avec la maison de Bourgogne. Jean de Châlons leur accorda, en 1249, une rente perpétuelle de cent *soudées* de sel, franche de tous droits de péage et de conduite.

Ainsi se propageaient le nom, la doctrine et la règle de Clairvaux, sous les auspices de Guy de Cherlieu. Le comte Renaud favorisait toujours les progrès de l'ordre. Vers 1135, il se rappela que, dans un chapitre général, il avait fait aux Cisterciens remise complète et perpétuelle de tous ses droits sur les biens qu'ils pourraient vendre ou acheter, et sur le transit de leurs denrées. Ponce, abbé de Bellevaux, fut chargé de rédiger l'acte qui constatait cette remise, et tous les couvents de l'ordre purent jouir en paix des bienfaits du souverain (1).

Les chanoines de Saint-Jean de Besançon portaient un égal intérêt à la prospérité de nos religieux. Une de leurs décisions capitulaires, prise, en 1141, en présence de l'archevêque Humbert, a pour objet un traité récem-

de la maison de ce nom, prit l'habit dans le couvent qu'il avait fondé et y mourut cinq ans après. Voici son épitaphe :

Anno M. C. X. L. II, III idus Feb.

obiit Guillelmus de Glane, fundator,

sepultus in presenti tumulo,

Cujus pater Petrus et Philippus de Glanâ frater,

anno M. C. XX. VI,

Cum Guillelmo, comite Viennensi et Salinensi,

Cum multis aliis nobilibus,

Injustè ab injustis,

In occisione gladii apud Paterniacum mortui sunt,

Et in prioratu Cluniacensi, in insula lacûs, cito sepulti.

(1) Pièces justif. Nº I.

ment conclu entre eux et les *pauvres Cisterciens*, selon
l'expression de la charte. Il est convenu que, si quelque
malveillant essaie de troubler les moines dans la possession paisible de leurs biens, une excommunication solennelle sera prononcée contre lui, chaque dimanche, jusqu'à
pleine réparation du dommage. De leur côté, les Bernardins sensibles à cette marque de bienveillance, réci-
teront l'office tout entier pour chacun des membres du
chapitre qui viendrait à mourir, et feront, tous les ans,
un service anniversaire pour les archevêques et chanoines
défunts (1).

L'anathème du chapitre de Saint-Jean ne put détourner les périls dont Cherlieu était menacé. Ce fut le
doyen d'une église rivale de la métropole qui porta les
premiers coups. Pierre de Traves (2) avait pris en haine
Guy et ses religieux, et les vexations qu'il leur fit souffrir
devinrent si multipliées et si graves que l'abbé, pour obtenir la paix, recourut dans sa détresse à l'autorité du
Saint-Siége. Il lui parut même qu'un voyage à Rome
était nécessaire au succès de sa cause. Saint Bernard
n'apprit point sans douleur que l'un de ses plus chers
disciples était réduit à de pareilles extrémités. Il écrivit
alors à Pierre de Traves une lettre par laquelle il le pressait, en mêlant le conseil au reproche, de cesser des

(1) Piéces justif. N° II.

(2) Ce haut dignitaire de l'église de saint Etienne de Besançon (1120-
1145) avait pour frère *Renaud*, connétable de Bourgogne, marié à
Elisabeth, fille de *Humbert III* sire de Salins, et *Vidon de Traves*,
dont la femme *Eluis* était la sœur de *Gislebert de Faucogney*, vicomte de Vesoul. Leur aïeul paternel, *Hugo, dominus castri de Treva*,
le premier connu, florissait sous les comtes *Renaud I* et *Guillaume-le-
Grand*. (Communication de M. Duvernoy.)

poursuites aussi injustes. Les expressions de cette pièce ont quelque chose de mystérieux, et permettent seulement de juger de la gravité de l'affaire, sans qu'on puisse en déterminer le genre :

« Le voyage que l'abbé de Cherlieu vient d'entrepren-
» dre m'ôte dès aujourd'hui toute espérance de le re-
» voir jamais. C'est à vous que j'impute, je le dis avec
» un vif regret, toutes les fatigues auxquelles il s'expose
» et tous les dangers qui le menacent. Non, on ne pou-
» vait attendre de vous un pareil traitement, puisque
» nous ne l'avions mérité en aucune manière. Autre
» nous vous avons cru, autre nous vous avons éprouvé.
» Les personnes qui ont été témoins de votre conduite
» m'ont appris que vous aviez également manqué à la
» sincérité et à la justice. Je ne suis pas éloigné de croire
» quelque chose de cette accusation, car le vénérable
» abbé de Bellevaux n'a pas non plus à se louer beau-
» coup de vos procédés.

» Cessez, je vous en conjure, de persécuter les ser-
» viteurs de Dieu. C'est à eux que le Seigneur a dit :
» *Celui qui vous touche, touche la prunelle de mon*
» *œil.* Ne détruisez pas vous-même l'idée favorable que
» j'avais conçue de votre caractère. Si je vous tiens ce
» langage, ce n'est pas que mon affection pour vous ait
» diminué ; je veux seulement vous déterminer à lever
» les obstacles qui pourraient l'affaiblir. Je vous le dis
» donc avec toute la franchise d'un ami : il est utile
» pour votre église et pour vous que le pape ignore ce
» qui s'est passé dans cette misérable affaire (1). »

(1) OEuv. de saint Bernard, t. 1, p. 189.

Pierre de Traves n'était pas le seul ennemi dont Guy eût éprouvé les rigueurs. La cour de Rome retentissait encore des plaintes de l'abbé de Cherlieu contre Bernard qui gouvernait l'église de Faverney sous le haut patronage de la Chaise-Dieu à qui elle était unie (1). C'est la voix puissante du saint fondateur de Clairvaux qui, dans cette circonstance comme dans la première, s'élève en faveur de l'opprimé. Mais las de s'adresser à des persécuteurs insensibles, saint Bernard porte cette fois jusqu'au pied du trône pontifical l'énergique expression de sa douleur paternelle. Tantôt il peint la détresse de Guy son très cher fils, qui, malgré les fatigues d'une longue route, la pauvreté de son couvent et les périls du voyage, est venu se jeter à Rome dans les bras de la justice et de la miséricorde, asile sacré où le poursuivent encore les traits de son ennemi. Tantôt usant de la liberté sainte

(1) Il est vrai que, par les lettres de l'abbé de Clairvaux, l'on n'apprend ni le nom de ce nouveau persécuteur ni celui de son couvent. Mais on voit clairement par le texte lui-même qu'il s'agit de Bernard, abbé de Faverney. 1° Ce monastère n'est pas éloigné de Cherlieu, circonstance justifiée par ces mots : « *Sanctorum qui in circuitu ejus sunt violen-* » *tissimum oppressorem.* » Il est voisin d'une autre maison de l'ordre de Cîteaux, qui est apparemment Clairefontaine : « *est item monaste-* » *rium de nostro ordine vicinum huic, etc.* » 2° A l'époque de cette lutte malheureuse, Bernard gouvernait Faverney depuis longtemps, nouveau rapprochement avec le prélat dont il est dit : *Olim per episto-* *las semel et secundò testificatus sum vobis de homine isto.* » 3° Le plaignant s'étonne que l'abbé de la Chaise-Dieu dissimule ou ignore les méchancetés d'un religieux soumis à son autorité : « *Miror quomodò vir* » *religiosus, abbas Casæ-Dei, in suo monacho tot et tanta vitia possit* » *dissimulare.* » Enfin il supplie le souverain Pontife de donner des ordres à l'abbé de la Chaise-Dieu, afin que celui-ci punisse le prévaricateur et le remplace par un prélat plus digne de l'habit monastique : « *Si*

que la vérité lui donne, il représente l'abbé de Faverney comme un homme si impudent qu'il ne sait rougir de rien, si extravagant et si fou qu'il est inaccessible à la crainte, si emporté que rien ne l'arrête, si hardi dans le crime qu'il le commet par habitude. Puis oubliant l'injure pour ne songer qu'au vengeur suprême dont il implore l'appui, il s'écrie avec l'accent de la foi : « De » tous les priviléges qui distinguent le siége apostolique, » le plus beau est assurément d'offrir un refuge aux pau- » vres et aux affligés et de les arracher de la main vio- » lente des grands. Oui, à mon avis, la couronne pon- » tificale qui ceint votre front est moins une preuve de » votre puissance souveraine dans toutes les affaires de » l'Eglise, que le zèle et la compassion sans bornes dont » votre cœur est rempli. C'est vous qui brisez la verge » des méchants, de peur que les justes ne tombent sous

---

» *puero vestro crederetis, hominem hunc in claustrum suum remitte-* » *retis et domino abbati Casæ-Dei mandaretis ut in monasterio quod* » *ille inutiliter occupat, virum religiosum promoveret.* » Ces deux passages ne peuvent s'appliquer qu'à Faverney, puisque uni à la Chaise-Dieu depuis quelque temps, il devait avoir pour chef un religieux de ce monastère.

D. Mabillon pense que ce n'est point Bernard, mais Pierre son successeur, qu'il faut regarder comme l'oppresseur de Cherlieu. Le savant bénédictin a commis cette méprise, en rapportant au même objet les trois lettres de saint Bernard. Il y a cependant une différence sensible entre la première et les deux autres. Celles-ci concernent évidemment un religieux qui a oublié l'esprit de son état et contre lequel on invoque les peines sévères du cloître. Au contraire, la lettre adressée à Pierre de Traves est une remontrance mêlée de prières. Le doyen de l'église de Saint-Etienne y est ménagé autant que l'abbé de Clairvaux peut le faire, en plaidant la cause de l'opprimé devant l'oppresseur puissant.

» leurs coups, et que venant à perdre patience, ils n'é-
» tendent aussi leur main vers l'iniquité (1). »

Saint Bernard ne s'explique point sur le prétexte et la
nature des persécutions que déplorait Cherlieu. « C'est,
» continue-t-il, à l'humble abbé de ce monastère de vous
» le dire franchement et de vive voix. Il ne me reste
» plus qu'à demander pour vous de longues années, afin
» que vous preniez soin de notre défense. Car nous
» avons embrassé une vie pauvre et pénitente pour fuir
» les ennemis de notre salut et servir Dieu avec moins
» de crainte (2). »

Le pape Innocent II remit la cause à l'arbitrage de
Jean, ancien religieux de Cîteaux, qui avait quitté le
cloître pour monter sur le siége de Valence. Celui-ci
s'adjoignit l'évêque de Grenoble et prononça, en 1141,
en faveur de Cherlieu (3). Mais la décision ayant été at-
taquée en cour de Rome, saint Bernard dut, pour en
obtenir la confirmation, renouveler ses premières dé-
marches. C'est le sujet de la lettre suivante :

« Jusques à quand l'impie s'enflera-t-il d'orgueil et le
» pauvre rampera-t-il dans la poussière de l'humilia-
» tion? Jusques à quand l'audace et l'impudence persé-
» cuteront-elles la vertu, même sous le pontificat d'In-
» nocent? Je n'en accuse que nos péchés, très saint
» Père : ce sont eux qui jusqu'à présent vous ont em-
» pêché de reconnaître l'imposture de nos ennemis et
» d'écouter nos justes réclamations. Car voici la première

---

(1) Lettres de saint Bernard, N° 198.
(2) *Ibid.*
(3) Notes sur les lettres de saint Bernard. — Essai sur l'hist. de
Cîteaux, t. II, p. 69 et 75 ; t. III, p. 566.

» affaire dans laquelle votre Sainteté ait manqué de pé-
» nétration et de sensibilité. Dans toutes les autres, elle
» est accoutumée à se sentir émue, à l'aspect de ceux
» qui souffrent. »

Après avoir rappelé le jugement des évêques de Valence et de Grenoble, saint Bernard prend le rôle de
conseiller et continue en ces termes : « J'ose même a-
» jouter avec la franchise que vous me connaissez que,
» si votre Sainteté voulait suivre mes avis, elle renver-
» rait dans son cloître un religieux si indigne du rang
» qu'il occupe, et elle enjoindrait à l'abbé de la Chaise-
» Dieu de le remplacer par un supérieur digne de ce
» titre. Cette vigueur ferait honneur à votre pontificat,
» serait agréable à Dieu et utile à la congrégation de
» saint Benoît. Par ce moyen, vous sauveriez un homme
» qui se perd; vous relèveriez un monastère qu'il dé-
» truit (1). »

L'éloquence triompha et avec elle la cause de la vérité
et de la justice. Une sentence pontificale confirma la décision des deux évêques, et Cherlieu, désormais tranquille, chérit dans saint Bernard un père et un sauveur.
L'abbé de Clairvaux visitait souvent avec tout l'intérêt
que mérite l'infortune et avec toute la tendresse qu'inspire l'amitié, les religieux dont il avait pris la défense.
Son séjour au milieu d'eux fut signalé par différents pro-
diges. Je suis heureux de les rapporter; je ne les discute
point. S'ils ajoutent peu à la gloire d'un grand saint, il
suffit pour nous qu'ils servent à consacrer son souvenir
et ses bienfaits dans un cloître qu'il aima. Voici le récit

(1) Lettres de saint Bernard, N° 199.

de Guillaume, abbé de Saint-Thierry : « L'homme de
» Dieu était à Cherlieu lorsqu'on lui présenta un adulte
» qui depuis longtemps pleurait sans interruption. Les
» médecins ignoraient à quelle maladie on devait attri-
» buer un effet si bizarre, et la jeune victime dépéris-
» sait de jour en jour au milieu des larmes. Saint Ber-
» nard le prit en particulier et l'engagea à lui faire
» l'humble aveu de ses fautes. Le malade y consentit. A
» peine sa confession fut-elle achevée que son visage
» devint pur et serein. Il demanda à saint Bernard un
» baiser de paix, comme gage de la santé et du bonheur
» qu'il venait de recouvrer. La source de ses pleurs
» s'était tarie sans retour » (1).

Le même auteur raconte le trait suivant : « Saint
» Bernard se rendit un jour au monastère de Cherlieu
» avec plusieurs abbés de son ordre. Il y trouva une
» dame d'un grand âge qui, presque privée de l'usage de
» ses jambes, s'était fait amener sur le passage du Saint
» pour lui demander le secours de ses prières. Celui-ci
» conjura le Ciel d'avoir pitié d'elle, puis il la bénit, et
» lui ordonna de se lever. La malade reprit aussitôt
» d'elle-même le chemin de sa demeure (2). » Une pauvre
femme, aveugle de naissance, recouvra aussi la vue à
Cherlieu, grâce au thaumaturge du XIIe siècle (3).

L'histoire a d'autres preuves de l'affection de saint
Bernard pour notre abbaye. Ainsi on le voit assister avec
Geoffroy, évêque de Langres, Renaud, abbé de Cîteaux,

---

(1) Vie de saint Bernard par Guillaume, abbé de Saint-Thierry,
édit. du Louvre (1642), liv. I, ch. 2.
(2) Vie de saint Bernard, liv. IV, p. 707, édit. du Louvre.
(3) Godefroy de Clairvaux, liv. IV, ch. 4.

et Ponce, abbé de Bellevaux, à la donation qu'Othon de la Roche fit à Guy et à ses religieux de toutes ses possessions dans la terre du Vernois (1). En 1140 et 1145, il comptait l'abbé de Cherlieu parmi les personnes qui formaient sa suite, et qui signèrent avec lui deux chartes importantes. La première est une donation au profit de l'abbaye d'Acey (2) ; la seconde, un jugement solennel rendu par saint Bernard entre l'évêque et le comte d'Auxerre (3).

Il avait été donné à cet homme extraordinaire de passer du fond de son désert au milieu des cours, sans cesser jamais de dominer et d'entraîner les esprits. Prédicateur de la seconde croisade, il soulève l'Allemagne et la France par la puissance de sa parole, et content d'avoir vu deux rois s'unir pour la conquête du saint sépulcre, il refuse avec l'humilité d'un apôtre l'honneur du commandement suprême. Ses derniers jours sont consacrés à justifier dans une éloquente apologie l'entreprise qu'il a prêchée, et à combattre l'erreur partout où la foi semble craindre les atteintes d'un autre Abeillard. Cherlieu n'entend plus que de loin une voix qui lui est si chère, et la mort lui ravira bientôt cette dernière consolation (1153).

(1) La date de cette donation est incertaine. On peut toutefois la fixer approximativement de 1140 à 1150, d'après la vie des témoins qui la signèrent. Geoffroy de Rochetaillée, évêque de Langres, cessa de vivre en 1163 ; Renaud gouverna Cîteaux de 1133 à 1151, et la mort de saint Bernard arriva en 1153. — Dans cette charte, Othon de la Roche (sur l'Ognon) est dit neveu de l'archevêque Humbert.

(2) Archiv. de l'abb. d'Acey, citées par le P. Dunand.

(3) Dom Plancher, Hist. de Bourg. t. I, p. 47.

Guy survécut assez à son maître pour recevoir les largesses dont les Cistertiens furent comblés de toutes parts,
en mémoire de l'homme qui en faisait un si noble usage.
Les derniers temps de la vie de saint Bernard, comme
les années qui suivirent immédiatement sa mort, sont
pour notre abbaye une époque de prospérité toujours
croissante. Je signale seulement les donations les plus considérables. En 1145, Guy, seigneur de Jonvelle, gratifia
Cherlieu de tout ce qu'il possédait à Saponcourt et à Gom-
mancourt; Brocard de Neufchâtel lui donna un meix situé à Purgerot, et Olivier d'Augicourt tous ses droits sur
le même village. Richard de Montfaucon, seigneur suzerain de ces domaines, en approuva la destination nouvelle. Il consentit également à la cession des pêches de
Conflans, faite encore par le généreux Olivier, au profit
de Cherlieu (1148). Thierry II, comte de Montbéliard,
renouvela peu de temps après la ratification accordée par
Richard, son gendre, en l'étendant aussi à tous les biens
que ses ancêtres avaient cédés ou qu'il pourrait lui-même
céder plus tard à l'abbaye dans la châtellenie de Jussey (1).
Tous ces droits divers appartenant autrefois à la maison
régnante de Bourgogne, en avaient été distraits sans doute
pour composer la dot d'Ermentrude, fille du comte Guil-
laume-le-Grand, et mère de Thierry II de Montbéliard (2).
Joignez à ces bienfaits princiers les dons moins riches,
il est vrai, mais non moins empressés, de Guy, fils de
Guillaume, sire de Pesmes (1150); des frères Humbert,
Louis et Olivier de Jussey, (1148); des nobles Hugue-

(1) Cart. de Cherlieu à la Bibl. royale, fol. 9, 10 et 61.

(2) Note communiquée par M. Duvernoy.

nin et Guillaume de Purgerot, à qui leur père Henri,
et leur aïeul Gérard, avaient donné l'exemple de la générosité envers Cherlieu (1141 *seq.*) (1).

C'était une pensée chrétienne qui portait les grands à
enrichir les abbayes. Parmi ceux que nous venons de
nommer, les uns, avant de partir pour la Terre-Sainte,
à la voix de saint Bernard, avaient voulu intéresser par
des aumônes les ordres religieux au succès de leur entreprise. D'autres réparaient de longues et nombreuses injustices, ou fondaient des prières perpétuelles pour les
âmes qui leur étaient chères. Lorsque Thierry II, comte
de Montbéliard, perdit un fils du même nom, marié à
Gertrude de Habsbourg, il appela au secours du défunt
tous les enfants de saint Bernard. Bellevaux, la Charité,
Clairefontaine, Lieucroissant, Bithaine, Cherlieu, Acey
et les autres monastères de l'ordre furent invités à
prier pour le jeune Thierry. Ils reçurent, en témoignage
de reconnaissance, la franchise de tous péages et ton-
lieux dans l'étendue du comté de Montbéliard (1152) (2).
Thiébaud, sire de Rougemont, leur accorda la même faveur dans sa seigneurie (3).

A la mort du comte Renaud III, Guillaume, son frère,
son ami et le compagnon de ses périls, avait voulu s'ap-
proprier la Bourgogne, en confinant Béatrix, l'héritière
du Comté, dans un château fort où elle était destinée à
finir ses jours. Sûr de l'appui des hauts barons, il avait
pris fièrement le titre de consul et s'était posé en souve-

(1) Cart. de Cherlieu à la Bibl. royale, *passim.*
(2) Note de M. Duvernoy, V. Wurdtwein, *Nov. subsid. diplom.* X. 16.
(3) Ibid.

rain indépendant. On l'avait vu affecter dans ses générosités le ton d'un maître bien certain de son droit. Il assurait à Cherlieu (1) la possession paisible des bienfaits de son frère, semait l'or autour de lui et, tranquille à l'intérieur, comptait au dehors sur l'impuissance de l'Empire. Le jeune Frédéric Barberousse ne tarda point à tirer l'usurpateur de sa trompeuse sécurité. En peu de temps Béatrix fut délivrée, la Bourgogne soumise, et Guillaume réduit au comté de Mâcon ainsi qu'au rôle de courtisan à la suite de son vainqueur (1153). Quelques droits que le titre de suzerain vengé par une glorieuse conquête eût pu donner à Frédéric, ce prince assura mieux encore sa domination dans le Comté, en épousant la fille et l'héritière de Renaud. L'année 1156 qui vit consommer cette alliance, ne se passa pas sans que l'époux de Béatrix eût laissé à l'abbé de Cherlieu des marques de sa bienveillance impériale. Tel est un diplôme, daté de Wurtzbourg, par lequel, après avoir énuméré les domaines de Cherlieu et d'Acey, il promet à ces deux monastères une égale protection. Humbert, archevêque de Besançon, figure parmi les témoins qui signèrent cette charte à la cour de l'Empereur (2) et pendant les fêtes mêmes du mariage.

Le comte Guillaume était mort quelques mois auparavant. Ses deux fils, Etienne et Gérard, représentants de la branche cadette de Bourgogne, troublèrent d'abord Guy et ses religieux dans la jouissance de leurs biens. Cette querelle ne fut pas de longue durée. Elle cessa par

(1) *Comes Guilielmus concessit eidem domui omnia dona que comes Regnaldus eidem ecclesie contulerat.* (Cart. de Cherlieu, fol. 61).

(2) Béat. de Châlons, 88, 89.

l'entremise du même archevêque Humbert, qui reçut des deux princes le désaveu public de leurs injustes préten-tions. Cet acte rappelle aussi les dons que le comte Guil-laume et Thiébaud, sire de Traves, son beau-père, avaient faits à l'abbaye (28 octobre 1157) (1).

Guy recueillait chaque jour les fruits d'une sage ad-ministration. Son âge avancé ne lui permettait pas d'es-pérer désormais une longue vie. Toutefois il fut assez heureux pour mettre, avant sa mort, le sceau à la récon-ciliation de sa communauté avec celle de Faverney. Déjà, en 1151, l'abbé Lambert, mieux inspiré que l'ennemi des Cisterciens, avait commencé à réparer les fautes de son indigne prédécesseur, en cédant à notre monastère, moyennant un cens annuel de 2 sols estev., tout ce que le sien possédait à Tremoncourt et sur le territoire de la grange de Charmes. Guichard qui occupa, après Lambert, le siége de Faverney, ne montra pas moins d'empressement à dédommager les victimes de l'injustice. Il accorda aux moines de Cherlieu la permission de prendre dans la forêt de Liège, le bois nécessaire, soit pour la clôture et l'entretien de leurs vignes de Purgerot, soit pour la re-construction et le chauffage d'une ferme située au même lieu (1157) (2).

Après avoir reçu de Louis d'Abbans, chevalier (3), la

---

(1) Guillaume avait épousé Poncette, fille de Thiébaud de Traves, dont la femme Alix fonda l'abbaye de La Charité. V. Hist. de Salins, t. I, p. 95 ; Béat. de Châlons, 127, 128; Cart. de Cherlieu, fol. 59 et 60.

(2) D. Grappin, Mém. sur l'abbaye de Faverney, 14—15.

(3) Il était frère-germain de Humbert et d'Olivier de Jussey (Voyez p. 16 ci-devant).

donation d'une terre enclavée dans les domaines du couvent, Guy finit une vie pleine de jours et de vertus
(vers 1157). Sa science est louée par les écrivains de
son ordre ; on lui attribue même un *Traité sur la mu-
sique* qui se trouve dans les œuvres de saint Bernard, et
le Journal de Cîteaux lui donne le titre de saint (1).
Lorsque ce prélat mourut, Cherlieu pouvait déjà comp-
ter sur la protection des papes. Innocent II et Eugène III
avaient publié des bulles pour assurer à ce monastère la
jouissance de ses biens spirituels et temporels (2).

On ignore si Luc monta immédiatement sur le siége
abbatial. Une charte de 1160, par laquelle Geoffroy de
Jussey cède certain droit de pâturage, ne nomme point
le prélat qui l'occupait alors (3). Il en est de même d'une
donation de Girard, seigneur de Fouvent. En vertu de ce
titre, les propriétés dont l'abbaye jouissait à Conflans, à
Purgerot et à Cray (4), s'accrurent de quelques nouveaux
biens. Girard reconnut aussi qu'il avait porté de graves
dommages à la communauté. Mais il lui voua une affection désormais inviolable et lui en donna un gage, en
désignant dix ôtages parmi ses vassaux. Si quelqu'un trou-
blait la paix jurée, quinze jours lui étaient accordés pour
obtenir le pardon de sa faute ; à défaut de réparation,
il encourait une amende de cent livres (5).

---

(1) Tome Ier, p. 57.

(2) Ces bulles sont mentionnées dans le Cartulaire de Cherlieu, mais
sans dates certaines. Celle d'Innocent II a été donnée à Latran, la seconde à Viterbe.

(3) Geoffroy de Jussey devait sans doute ce droit à son titre de sous-
gardien de Faverney.

(4) La ferme de Crais, territoire actuel de Jussey, plutôt que le moulin
de la Craye, dépendance de Vauvillers.

(5) Piéces justificatives, N. III.

Le premier acte qui fait mention de Luc, abbé de Cherlieu, est une libéralité de Guillaume de Soye au profit de Lieucroissant; notre prélat y figure comme témoin (1). Vers 1162, il s'emploie avec Bernard, abbé de Bellevaux, et Mainard, prévôt de Saint-Paul, à régler un litige qui s'était élevé entre les églises de Lieucroissant et de Lanthenans (2). Mais c'est surtout par la fondation de l'abbaye de Beaulieu en Bassigny (1166) que son nom se recommande aux souvenirs de l'histoire. Les chanoines de Langres ayant construit ce monastère à leurs frais, demandèrent à Cherlieu une colonie de Bernardins pour l'occuper. Guy, disciple aimé de l'abbé du même nom, fut placé à la tête de cette communauté. Il eut d'abord une lutte à soutenir contre les religieux de Morimond qui, voisins de Beaulieu, firent des difficultés aux nouveaux venus sur la délimitation de leurs propriétés respectives. Mais Luc prit la cause en main et transigea avec Morimond dans l'intérêt de la maison naissante (3).

Ce même abbé Luc obtint du comte Etienne, qui partait pour la Terre-Sainte, la cession de ses droits de pêche à Jussey avec le don d'une terre à Purgerot (1169); il signa, comme témoin, une charte d'Eberard, archevêque de Besançon, en faveur de l'abbaye de Belchamp (4), et reçut

(1) Cette charte a pour objet des dîmes à Etrapes et à Geney; elle est écrite à Recologne. Guillaume de Soye, l'un des fils de Paganus, vivait de 1133 à 1160.

(2) Tit. de Lanthenans, aux archiv. de Saint-Paul, cot. 111.

(3) V. *Gallia christ.* Nouv. édit. t. IV, 181 et 182.

(4) C'est l'église de Voujaucourt, dont l'archevêque Eberard renouvelle la donation au monastère de Belchamp. L'acte est du 5 des ides de février 1173; les témoins, outre l'abbé de Cherlieu, sont Thierry de

de Gérard de Vienne, comte de Mâcon, l'autorisation de passer·, de vendre et d'acheter dans ses domaines, sans impôt ni péage (1173) (1). Il mourut peu de temps après, avec la réputation d'un prélat pieux et éclairé. Sa naissance n'était pas sans éclat, puisqu'il appartenait à la maison de Soye, fils de Paganus, qui fut l'un des premiers bienfaiteurs de Lieucroissant, frère de Thierry, prévôt de Mathay, de Guillaume de Soye et d'Albéric, tige des sires de Fallon (2). On le louera davantage, en disant qu'un titre écrit de son temps le nomme parmi les membres les plus distingués de la grande famille de saint Bernard : *Sancti Bernardi genus illustre* (3).

Pierre était en 1179 à la tête de Cherlieu. Ponce II, sire de la Roche-sur-l'Ognon, du consentement de sa femme et de ses enfants, accorda cette année même, aux religieux, le droit d'usage dans les forêts de sa terre (4). Miévillers et Preigney entrent dans les domaines de l'abbaye, grâce

---

Montfaugon, doyen de Saint-Etienne; Amédée, comte de Montbéliard, son frère aîné; Bernard, abbé de Bellevaux, et plusieurs autres. Eberard rappelle que la possession de l'église de Voujaucourt a été attribuée à Belchamp par Herbert, son prédécesseur, et il dit de ce prélat : *Archiepiscopum bonœ memoriœ.* (*Arch. de Montbéliard.*) Cette expression dément le récit de Geoffroy d'Hautecombe sur l'épiscopat et la mort tragique d'Herbert. Comment un évêque schismatique, haï de son clergé et insulté par le peuple jusque dans le tombeau, eût-il été loué par son successeur immédiat? La réputation d'Herbert, en même temps légat impérial en Bourgogne de 1163 à 1166, doit être l'objet d'un nouvel et plus impartial examen.

(1) Cart. de Cherlieu à la Bibl. royale ; Histoire des sires de *Salins*, I, p. 66.

(2) Note communiquée par M. Duvernoy.

(3) Hist. génér. de la maison de Vergy, aux pr. p. 493.

(4) Hist. des sires de Salins, I.

aux libéralités de Lambert de Cicon (1182) (1). Enfin
Guichard, abbé de Faverney, renouvelle et confirme
tout ce que ses prédécesseurs ont fait en faveur des Cisterciens (2). La remise des dîmes de Courcelotte près
Anrosey, la donation de ses biens de Venisey et de plusieurs prés situés à Bougey et à Lambrey sont l'objet de
la même charte. Guichard, il est vrai, n'avait point of-
fert sans compensation des dons si abondants. L'abbé de
Cherlieu promit en retour de ne rien accepter dans la
suite des biens de Faverney, sans le consentement ex-
près de ce monastère : clause singulière provoquée sans
doute par l'aliénation que Geoffroy de Jussey, sous-gar-
dien de Faverney, avait faite des bénéfices attachés à son
titre (V. p. 20). Enfin, les deux abbés conviennent que,
pour entretenir l'union entre eux, on dira réciproquement dans leur monastère une messe et cinquante psaumes, au décès de chaque religieux (1184) (3).

L'an 1188 s'ouvrit à Cherlieu sous un autre chef. C'é-
tait Guy ou Widon qui, à s'en rapporter au texte d'une
charte, n'était point étranger à l'administration politique
ni à l'examen des affaires contentieuses dans la Bourgogne. Louis, comte de Sarwerden, gouvernait alors le Comté
au nom de l'Empereur. Il vint tenir sa cour de justice à
Bellevaux, pour connaître d'un litige qui s'était élevé
entre ce monastère et les habitants de Quenoche. L'arrêt
fut prononcé du consentement des hauts personnages
qui formaient ce tribunal. Les plus remarquables étaient

---

(1) Histoire des sires de Salins, I.
(2) D. Grappin, Mém. sur Faverney, p. 15.
(3) Idem, p. 16.

l'archevêque Thierry, Widon, abbé de Cherlieu, Widon, abbé de Rosières, Louis, comte de Ferrette, Amédée, comte de Montbéliard, Gislebert, vicomte de Vesoul (1).

On peut croire que si, dans la même année, cet archevêque accorda à notre monastère l'exemption de tout péage sur le pont et dans la cité de Besançon, l'entrevue de Bellevaux servit utilement à Guy II pour obtenir ce bienfait (2). Citons encore Gauthier de Châtillon (3), Hugues d'Aroz (4), Pierre de Mont-Saint-Léger, fils de Paganus de Jussey (1189) (5), parmi les gentilshommes dont Cherlieu s'honore d'avoir mérité les largesses. Les libéralités d'Aymon de Faucogney, vicomte de Vesoul, de Gérard d'Ouge, de Philippe et de Gérard d'Achey, père et fils, appartiennent aussi à cette époque (6).

L'exemption des droits de vente, d'achat et de péage accordée par Renaud III à toutes les abbayes de l'ordre de Cîteaux, fut renouvelée par le comte palatin Othon, son petit-fils, vers 1190 (7). Guy II vivait encore. Il fut même chargé plus tard de quelques missions qui font honneur à son habileté. Dans un chapitre général tenu à Cîteaux, on dénonça la conduite d'un moine de l'abbaye

---

(1) Perreciot, État civil des personnes, nouv. éd. t. III, p. 42, n° 26.

(2) Pièces justif. N. IV.

(3) Gauthier de Châtillon-sur-Saône, chevalier, donne à Cherlieu le droit de pâturage dans toute l'étendue de sa terre (Note de M. Davernoy).

(4) Hugues d'Aroz, fils de Renaud, confirme et renouvelle les donations faites par ses ancêtres et y joint, du consentement d'Eluis, son épouse, et de leurs enfants, l'abandon de ses terres de Preigney et de Romain, au profit du monastère. (Id.)

(5) Cart. de Cherlieu, fol. 46.

(6) Suppl. au cartul. N° 89 et 90.

(7) Pièces justif. N° V.

du Gard, nommé Eustache. Ce malheureux avait quitté le cloître pour s'emparer à main armée d'une ferme du monastère, où il se faisait protéger, au nom du roi de France, par le prévôt d'Amiens, indigne complice de tous ses désordres. Il fallait informer le monarque de l'audace du religieux et de l'abus de pouvoir commis par le prévôt. L'abbé de Cherlieu fut député à la cour, et il dut exécuter son voyage dans les quinze jours qui suivirent l'ordre de départ (1193) (1). En cette affaire Guy II justifia sans doute par le succès la confiance dont son ordre l'honorait.

En 1194, il fut envoyé avec l'abbé de Bellevaux au couvent de Lucelles en Haute-Alsace, pour décider s'il y avait lieu d'établir, sous le patronage de cette maison, une seconde communauté. Dans ce cas, les deux mandataires avaient reçu le pouvoir de la fonder, selon les rits de Cîteaux (2). Ainsi naquit le prieuré de Lautenbach, aux environs de Mulhouse.

Après la mort de Guy, Goubaud ou Gombaud monta sur le siége de Cherlieu. Le cartulaire rapporte les donations qui signalèrent son gouvernement, à la fin du XII⁰ siècle. Celle de l'empereur Henri VI est la plus importante, sinon par la valeur du présent, du moins par la qualité de la personne qui l'offrait. Ce monarque étant à Besançon, par un diplôme de la veille des nones de juillet 1196, rappelle les dons que ses ancêtres ont prodigués à notre abbaye, les confirme et y ajoute l'octroi d'un cens annuel de deux *salées* que les religieux pourront prendre

(1) *Stat. cap. gen. ord. Cist. ap. D. Martenne*, t. IV, p. 1277.
(2) Ibid., t. IV, p. 1281.

dans la saline de Marsante en Lorraine (1). Gombaud (2) conclut à la même époque un traité avec l'abbé de Clairefontaine, au sujet des limites respectives des deux maisons. Cherlieu jusqu'alors s'était plaint sans succès des empiétements de Clairefontaine : cet acte mit fin à toutes les difficultés.

Les donations que nous avons rappelées dans ce chapitre ont pu fournir une idée de la haute fortune à laquelle le monastère s'était élevé (3). Il est permis d'y ajouter encore par l'imagination, surtout quand on aborde, en commençant le XIIIᵉ siècle, la description de la magnifique église de Cherlieu.

---

(1) Inv. de Cherlieu, cot. 42.

(2) Paradin (Ann. de Bourgogne) l'appelle Agobard.

(3) Un siècle après, c'est-à-dire en 1294, le revenu annuel de Cherlieu était évalué à *sept mille livres*, équivalant à près de 120,000 fr., monnaie actuelle.

CHAPITRE II.

Du style de transition entre l'architecture byzantine et l'architecture ogivale. — Description de l'église de Cherlieu. — Succession des abbés jusqu'au milieu du XIIIᵉ siècle. — Les deux branches de Bourgogne protégent et enrichissent également le monastère — Décadence de la discipline. — Dons multipliés des seigneurs. — Les sires de Vergy se distinguent surtout par leur bienfaisance envers Cherlieu. — Réflexions sur les caractéres de cette époque et des âges suivants.

Du douzième au treizième siècle, d'importantes modifications s'introduisent dans l'architecture, et forment une sorte de transition entre le style byzantin qui dominait encore et le style ogival qui commençait à prendre faveur. Déjà les colonnes réunies en faisceau se détachent avec élégance de la muraille sur laquelle elles étaient appuyées. Tantôt garnis de feuillages fantastiques, leurs chapitaux se rapprochent de l'ordre corinthien ; tantôt couverts de petites figures profondément ciselées , ils annoncent les caprices et la bizarrerie d'une école nouvelle. Les portes sont décorées d'une riche archivolte supportée par des cariatides aux formes tortueuses , et les ouvertures circulaires se transforment dans leur développement en ces roses magiques qui produisirent un si merveilleux effet, et par leur rayonnement et par leurs brillantes couleurs. C'était pour l'art une heureuse innovation , une véritable conquête. Partagées d'abord par quelques meneaux qui, partant du centre, rayonnaient vers la circonférence, et présentaient plus ou moins de rapport avec les pièces d'une roue, les rosaces prennent dès ce moment leur place aux extrémités des transepts, au-dessus de la porte principale, et quelquefois au centre de l'abside ou du chevet. Mais la modification sans contredit la plus importante est l'introduction de l'arcade en ogive. Elle n'est pas immédiatement ni exclusivement substituée au plein cintre ; pendant la période de transition elle se montre simultanément avec la forme ancienne. Ainsi, il n'est pas rare de rencontrer dans les édifices du douzième et du treizième siècle soit une ogive encadrée dans un plein cintre, soit des arcades alternativement circulaires et ogivales. Il faut ajouter que l'ogive n'a acquis jusqu'alors ni toute la pureté ni toute la grâce de ses formes : ou bien elle s'éloigne peu du cintre, ou bien encore elle est très aiguë et se montre parée des ornements et des moulures propres à la période romano-byzantine (1).

Ce style *transitionnel* qui, selon quelques antiquaires, caractérise les édifices du XIIe siècle, est précisément celui de l'église de Cherlieu. Je ferai cependant observer que ce monument magnifique peut bien n'appartenir qu'à la moitié du siècle suivant. Il faut admettre que les religieux, avant de l'entreprendre, ont employé de longues années à grossir leur épargne et à préparer leurs matériaux. En outre, on convient généralement que la Bourgogne a été toujours retardée dans les progrès de l'architecture et des autres arts. Au premier aspect, nos édifices anciens paraissent d'un temps plus reculé que l'époque même à laquelle ils se rapportent véritablement. Leur figure est un peu plus vieille que leur date.

(1) V. Cours d'antiquités monumentales par M. de Caumont.

L'église de Cherlieu, dans son intégrité majestueuse, présentait l'image d'une croix latine à trois nefs. Ses dimensions colossales ont fait dire avec raison aux historiens et aux voyageurs qu'elle était la plus grande et l'une des plus belles de Franche-Comté. Sa longueur, depuis le portail servant d'entrée jusqu'à la chapelle de la Ste.-Trinité qui formait l'abside, était de 105 mètres; la largeur de la grande nef 12^m. 71, et celle des bas-côtés pris ensemble, 13^m. 54. Le transept avait 54^m. 25, et on évaluait à 22^m. la hauteur de la voûte. Par suite du prolongement contourné des nefs latérales, on circulait dans l'intérieur de la basilique sans troubler les cérémonies célébrées au maître-autel. Cette disposition laissait encore au peuple un abord facile auprès des chapelles secondaires, que l'on avait groupées autour du sanctuaire principal comme autant de sanctuaires particuliers. Elles étaient au nombre de sept, par une allusion mystique à divers passages de l'Écriture-Sainte; et comme le plan de l'église représentait une croix, on pouvait voir aussi dans l'addition de ces chapelles une imitation ingénieuse de la couronne du Christ ou du nimbe qui entoure son front divin. Le maître-autel figurait la tête du Sauveur. Il était placé en avant de l'abside et recouvert d'un marbre de Gênes. La circonférence dont il formait le centre, était décrite par huit colonnes au fût élancé et au chapiteau d'une élégance presque corinthienne. Une boiserie en chêne, haute de quatre mètres et enrichie de sculptures symboliques, régnait autour de ces colonnes, et soixante-dix-huit stalles descendaient à double rang de chaque côté du chœur.

En parcourant les autres parties de l'édifice, on trou-

vait les moulures rondes mêlées à l'arcade ogivale
dont la forme affranchie décèle dans l'art une pensée
nouvelle. Tandis que les ogives apparaissaient à peu près
constamment sous les arcades inférieures et sous les
voûtes, le plein cintre se montrait aux portes et aux fenêtres. Dans la grande nef et au commencement de l'abside, la voûte était supportée par vingt-deux gros pilastres carrés avec chapiteaux en tailloir, flanqués de
pieds droits et de colonnettes à chapiteaux fleuris. Au
deux extrémités du transept, s'épanouissait, comme une
rose naissante, une ouverture divisée en meneaux flamboyants. Enfin, cinquante fenêtres, longues, étroites et
cintrées, éclairaient sur deux étages, mais d'un jour iné-
galement distribué, cette majestueuse basilique. Car le
cloître adossé à la partie septentrionale de l'église inter-
ceptait dans les bas-côtés, et même dans le transept, une
certaine quantité de lumière.

A l'intérieur, on remarquait de larges contreforts unis
entre eux selon le style du temps, et surtout trois portes
dont le tympan, divisé en meneaux flamboyants et garni
d'une quadruple archivolte, s'harmonisait parfaitement
avec la fenêtre et les rosaces qui s'élevaient au-dessus.
Cette magnifique entrée était couronnée par une croix. La
tour de l'édifice avait trouvé sa place au centre du transept.
Percée de quatre fenêtres seulement, elle soutenait un
comble en pierre, de forme octogone, qui fut remplacé
plus tard par un simple toit couvert en tuiles et surmonté
d'un coq.

Telle était l'église de Cherlieu (1). La cathédrale de

_____

(1) Il est à regretter que les personnes qui ont vu l'église debout

Langres et les ruines de l'abbaye d'Acey offrent des ana-
logies frappantes avec ce monument imposant. Quant
au cloître ancien auquel il était uni, on peut raisonnablement le faire remonter à la première moitié du XIII
siècle, comme l'église elle-même. Il était de forme carrée,
et chaque côté comprenait dix arcades. Il en reste une
vaste cuisine ogivale dont les voûtes sont supportées par
un palmier, ce poétique souvenir des guerres saintes, et
par deux arcades voisines de l'église. L'une s'élève en tiers
point, l'autre atteste encore les dimensions d'un cintre
bien proportionné.

Tant de travaux, de richesses et de grandeur étonnent
d'autant plus, que rien dans cet œuvre ne décèle un travail interrompu par le temps ou arrêté faute de ressources suffisantes. Mais ce que des hommes isolés n'auraient osé entreprendre, des corporations religieuses
l'exécutaient sans peine. On sait que le plan des édifices
monastiques était souvent dressé par les abbés ou par

---

n'aient pas pris soin d'en faire la description. J'ai cherché en vain
le seul titre qui aurait pu me servir de guide : c'est le procès-verbal de
l'enquête entreprise au 16e siècle pour estimer les dommages dont on
rendait responsable le seigneur de Saint-Remy, après l'incendie de
1569. L'étendue des bâtiments, leur forme, les richesses qu'ils renfer-
maient sont détaillées dans cette pièce ; mais ni le cartulaire de Cherlieu
ni les archives de Vesoul n'en ont conservé la moindre trace. A défaut
de ce procès-verbal, j'ai consulté une lettre de M. le comte de Montalembert et surtout les souvenirs des habitants du hameau. M. l'abbé
Châtelet, natif de Cherlieu, m'a fait profiter, dans cette description,
soit de ses propres recherches, soit de la connaissance que ses parents
ont acquise de l'état ancien de l'abbaye. Il a mis autant d'empressement
à me communiquer ses notes, qu'il en avait montré à les recueillir dans
l'intérêt de l'archéologie et de l'histoire.

les religieux, et que leurs mains s'employaient également bien aux rudes travaux de la maçonnerie et aux détails délicats de l'ornementation intérieure. Membres de la même famille, unis dans un but semblable, ils travaillaient avec persévérance, entraînés par ce pouvoir surnaturel de la foi catholique qui anime les plus simples comme les plus savants. Ajoutez à cela l'unanime accord des fidèles qui s'empressaient de contribuer à l'entreprise, les pauvres en prêtant leurs bras, les riches et les puissants par des dons souvent très considérables. De tant de forces réunies et combinées résulta cette analogie parfaite de formes, cet ensemble merveilleux que l'on admire dans toutes les productions de l'art religieux au moyen-âge. Les monastères s'aidaient entre eux, en se communiquant leurs pensées artistiques, en se partageant leurs ressources dans une juste proportion avec les besoins de chacun, en s'envoyant l'un à l'autre leurs pieux architectes et leurs ardents travailleurs. L'ordre de Cîteaux, par les chapitres généraux qu'il tenait chaque année, était surtout très propre à cette répartition de secours si chrétiens et si monastiques.

Je reprends sous l'impression de ces nobles souvenirs la suite des abbés de Cherlieu. L'histoire, qui nous a transmis leurs noms ne nous dit point qui d'entre eux ou des religieux soumis à leur conduite fut l'architecte de notre église. Ainsi, comme ils avaient voulu vivre ignorés des hommes, ils sont morts oubliés dans une humble retraite. Qu'importe? Ils avaient travaillé à l'œuvre de Dieu. Lui seul était tout leur espoir; lui seul est leur récompense.

L'administration de Gombaud, qui avait commencé à

la fin du XIIᵉ siècle , se prolongea dans les premières
années de l'âge suivant. Cette vie nouvelle est toute remplie du nom de Cherlieu , de ses relations avec les princes
et des bienfaits dont les seigneurs comblent à l'envi ce
riche monastère. Après avoir fait remarquer (1) un accord conclu entre les moines et Renaud de Tarcenay ,
chevalier, grâce à la médiation de Henri , sire de Fouvent (1201), nous ouvrons l'histoire générale du Comté
qui est presque celle de notre abbaye elle-même. Deux
branches rivales venaient de se disputer la Bourgogne ,
alors sous la haute suzeraineté de l'empereur Philippe
de la maison de Souabe, dont le pouvoir ne souffrait
pas de contestation dans nos contrées. L'une était repré-
sentée par le comte palatin Othon, frère de Philippe ; le
chef de l'autre était Etienne II, fils unique d'Etienne Iᵉʳ,
mort en 1173, et petit-fils du perfide Guillaume , comte
de Vienne et de Mâcon. Les tristes dissensions qui écla-
tèrent entre elles, le besoin d'argent, de vivres, de troupes, qui se faisait sentir également dans les deux partis,
les désordres inséparables de ces guerres intestines, tout
fut fatal au repos de Cherlieu. Ainsi, Othon dépouille ce
monastère de sa propriété de Montigny (2) et Etienne II
laisse commettre à ses gens des actes de pillage sur les
terres des moines (3). Cependant le représentant de la
branche aînée, Othon , meurt à Besançon le 14 janvier
1201. Ses regards inquiets s'étaient portés, avant de s'é-
teindre, sur sa femme Marguerite de Blois et sur ses deux

---

(1) Hist. de Vergy , I , 134.

(2) Cart. de Cherlieu, à la Bibl. roy.— Docum. inéd. , III. pag. 493.

(3) Cart. de Cherlieu , fol. 60.

filles, Jeanne et Béatrix, qu'il laissait en bas âge ou dans la première jeunesse. Eprouvant le besoin de consoler par de justes restitutions l'amertume de ses derniers jours, il avait recommandé à Marguerite de rendre le village de Montigny à ses légitimes possesseurs (1). La comtesse ne parut pas d'abord disposée à remplir ce vœu du défunt. Entourée de conseillers pervers, elle céda à leurs instigations, malgré les reproches de sa conscience (2), et donna Montigny en fief au comte Hugues II de Vaudémont. L'empereur Philippe en fut instruit. Tuteur de ses deux nièces, et suzerain du comté de Bourgogne, il avait un double motif pour mettre fin à l'injustice. Aussi un diplôme daté de Spire, et souscrit par les évêques de Passau et de Spire, par Bucelin, abbé de Sainte-Marie dans l'Eusserthal, et Rodolphe, abbé de Clairefontaine, fait-il connaître, dès le 8 novembre 1202, les volontés du monarque. Philippe ordonne que les religieux jouissent du domaine de Montigny, sans être inquiétés par les laïques, afin qu'ils prient librement pour le salut de lui et de l'Empire (3). Ces intentions bienveillantes si clairement exprimées, sont d'abord méconnues par les officiers de Bourgogne. Mais, sur les plaintes de l'abbé, un mandement leur enjoint bientôt de protéger envers et contre tous un prélat que l'Empereur honore d'une affection toute spéciale, et de lui assurer la possession paisible de Montigny (4). Cet acte daté de Strasbourg (1er mai 1204), est suivi immédiate-

(1) Docum. inéd., III. pag. 493--494. — M. Ed. Clerc, T. I, p. 388.
(2) Doc. inéd. III,   id.
(3) Ibid. 489, 490.
(4) Doc. inéd. III, 490.

ment d'un ordre de l'évêque de Spire, Conrad de
Scharffeneck, alors vice-chancelier d'Allemagne. Ce
ministre, après avoir rappelé la libéralité de Philippe et
les pieux motifs qui l'ont dictée, fait savoir au maire
et aux habitants de Montigny qu'ils aient à jurer obéis-
sance et fidélité entre les mains des religieux (1). Déjà
ceux-ci s'étaient pourvus en cour de Rome, et le souverain pontife avait délégué, pour vider l'affaire, Ber-
trand de Got, évêque de Langres, et deux archidiacres
de son église. Enfin l'issue du procès est favorable à
Cherlieu; les juges décrètent la restitution de Montigny,
sous peine d'excommunication. Dès-lors Marguerite ne
résiste plus, et soit pour veiller à son propre salut, soit
pour procurer celui de son mari, elle rend le domaine
usurpé, en dispensant le comte de Vaudémont de l'hommage qu'il doit lui en faire (1205) (2). Elle donne même
aussitôt une preuve de sa bienveillance pour Cherlieu,
puisqu'elle se fait la médiatrice d'un accommodement
entre cette maison et Etienne, maire de Vesoul (vers
1205). Ce dernier renonce à toutes les prétentions qu'il
avait élevées et accorde aux frères du couvent le droit
de pâture et de libre passage dans toute sa terre (3).

Tandis que la branche aînée de Bourgogne réparait
ainsi ses injustices, Etienne II, chef de la branche cadette,
suivait cet exemple avec une générosité digne de son haut
rang. Une somme de 10 liv. estev. servit d'abord à dédommager l'abbaye des pertes de bétail qu'il lui avait

(1) Doc. inéd. III, 492, 493.

(2) Ibid. III, 493 , 495.

(3) V. aux preuves n° VI.

fait subir (1). Puis le comte s'engagea envers elle à se montrer partout son plus ferme et son plus zélé défenseur, et lui donna la permission de passer sur toutes les terres de son domaine, sauf au temps des moissons (2). A ces divers témoignages de bienveillance il ajouta bientôt un présent d'une plus grande valeur. C'était le droit d'établir à Scey-sur-Saône une chaudière à cuire le sel, de tirer de l'eau salée autant que les moines en auraient besoin pour leur usage, et de prendre dans ses forêts tous les bois d'affouage et de construction nécessaires au nouvel établissement (1204) (3). Cette donation fut ratifiée, au mois de mai 1231, par Jean comte de Châlons, fils d'Etienne (4).

Gombaud, habituellement désigné dans les chartes par l'initiale de son nom, avait recueilli, comme abbé de Cherlieu, les bienfaits dont nous venons de parler. Ceux de Henri, sire de Fouvent (5), se rattachent aux

(1) Cart. de Cherlieu, fol 60.

(2) Invent. de Cherlieu, col. 46.

(3) Cart. fol. 448. — Une lettre du mois d'août 1241 contient une donation faite par Alix, dame de Traves, aux abbé et religieux de Cherlieu, du droit de tirer de l'eau salée du *nouveau* puits de Scey, et d'établir une maison pour la fabrication du sel. Elle leur renouvelle aussi la permission de se servir d'un autre puits plus ancien. (Inv. de Cherlieu, col. 1 et 11). La donatrice est appelée dans une charte de 1255 *féale* et *cousine* de Jean de Châlons. Elle avait acquis de ce prince, en 1237, la seigneurie de Traves et les salines de Scey. Issue de la maison de Dreux, cette dame, veuve de Gauthier IV, sire de Salins, s'était remariée à Renaud, seigneur de Choiseul, qu'elle rendit père de deux fils, Jean et Robert.

(4) Cart. fol. 486-487.

(5) Henri, mort en 1229, était fils de Humbert et petit-fils de Girard, sire de Fouvent, dont nous avons déjà parlé; sa fille Clémence épousa Guillaume de Vergy, seigneur d'Autrey.

dernières années de son administration. Ce seigneur,
après avoir renoncé solennellement à toute réclamation
sur les domaines de l'abbaye à Rigney, céda en outre
à Gombaud ses droits à Fontaine, deux parts dans ses
vignes de Fouvent, un quart de l'éminage de ce lieu et
une place à bâtir un moulin, sise à Vauconcourt. Quelques-uns de ces dons étaient déjà anciens; Henri les renouvela en rappelant les circonstances qui les lui avaient
inspirés. C'était avant son départ pour Jérusalem, lorsqu'il avait pris la croix, tout pénétré du regret d'avoir
causé quelque dommage à Cherlieu. De leur côté, l'abbé
et la communauté promirent au sire de Fouvent de cé-
lébrer annuellement un office pour ses ancêtres et pour
lui, et de les rendre participants aux bonnes œuvres de
leur maison et de l'ordre tout entier (1207 (1).

Plût à Dieu que la vie de Gombaud n'eût été marquée
que par des revers! Cherlieu dans l'infortune serait peut-
être demeuré fidèle aux institutions de saint Bernard et
à l'esprit vivant du christianisme. Mais nos respects n'effa-
ceront pas l'impression pénible que l'on éprouve en li-
sant dans les statuts capitulaires de Cîteaux l'arrêt flétris-
trissant dont Gombaud fut frappé. L'abbaye avait ouvert
ses cloîtres à l'appareil des grandeurs humaines; plusieurs évêques suivis d'un bruyant cortége avaient sus-
pendu la prière et troublé par leur présence le recueillement accoutumé. Ce n'est pas tout. Par un douloureux
contraste, un lépreux couché à la porte de la maison
sainte, avait réclamé en vain les consolations de la foi.
Il était mort, privé, par la faute de l'abbé, du sacre-

(1) Hist. de Vergy, II, 177-178.

ment auguste des infirmes. Cette conduite ne fut point
ignorée dans Cîteaux : on condamna le coupable à jeûner
un jour au pain et à l'eau et à en passer quarante hors
de sa stalle. Il fut défendu par le même statut de recevoir
désormais aucun séculier dans le dortoir et dans l'infirmerie du monastère (1).

Galo succéda à Gombaud sur le siége de Cherlieu
(1209). Dès les premiers jours de son administration, Guy
de Pesmes, sire de Rupt, lui permet de recevoir ceux
de ses sujets qui voudraient prendre l'habit religieux (2).
Vers le même temps, il transige avec l'abbaye de Faverney au sujet de divers droits et notamment de la
pêche de Purgerot et des lieux voisins (3). Deux ans
après, ce prélat eut la satisfaction de voir Montigny
rentrer définitivement sous sa puissance. Hugues de
Vaudémont, s'autorisant à tort de la concession révo-
quée depuis par la comtesse Marguerite, avait refusé
jusque là de se dessaisir du village, et plus durait l'usur-
pation, plus aussi s'élevait la somme des dommages et
intérêts demandés par les moines au chevalier. Grâces à
l'entremise de Guillaume, évêque de Langres et de Thiébaud, comte de Bar, les deux parties s'accommodèrent,
l'une en restituant Montigny, l'autre en renonçant par
condescendance à toute répétition de revenus et de dé-
pens (1211) (4). Montigny fut encore un sujet de querelle entre l'abbaye et Othon, duc de Méranie. Mais

---

(1) Stat. Cap. gen, ord. Cist. apud D. Martenne, Thes. aned. IV. 1302.
(2) Note de M. Duvernoy.
(3) V. aux preuves, N. VII.
(4) Cart. de Cherlieu. — Doc. inéd. III, 498. — Ajoutons qu'en
l'année 1234, étant sur le déclin de sa vie, ce même comte Hugues II

ce prince reconnaissant à son tour les droits de Cherlieu, renonça à ses prétentions par un acte authen-
tique (1213) (1), et réitéra cet abandon, de concert avec
sa femme, la comtesse Béatrix, par un nouvel acte de l'an
1227 (2). La charte de 1213 avait été accompagnée d'une
concession de pâturage dans toutes les terres d'Othon et
de Béatrix, sauf la réparation des dommages éven-
tuels (3).

Rivale de la maison régnante, la ligne cadette de
Bourgogne semblait vouloir disputer avec elle non seulement de puissance et de gloire, mais encore de générosité envers les églises et les cloîtres. Ainsi Etienne II
fit à Cherlieu don d'une moitié de muire à Lons-le-
Saunier, franche de tout impôt (1209). Son fils, qui fut
depuis Jean comte de Châlons, surnommé l'antique, est
nommé dans cet acte de libéralité (4). C'était lui recommander une maison qui comptait depuis longtemps des
bienfaiteurs parmi les comtes de Bourgogne. Payen de
Raincourt, chevalier, mérita bien de l'abbé Galo par la
cession de quelques propriétés au profit de son monastère (1211). Il y joignit un peu plus tard le droit de pâturage dans toute l'étendue de ses domaines (1220) (5).

En 1214, Guy III, successeur de Galo, revêtit les

gratifia le monastère d'un meix à Châtel-sur-Moselle, en affranchissant
de toute servitude le cultivateur chargé de son exploitation. V. aux
preuves, N. VIII.

(1) Cart. de Cherlieu. — Doc. inéd. III, 502.
(2) V. Preuves n° IX.
(3) Cart. de Cherlieu, folio 463.
(4) Histoire des sires de Salins, 1. pr. 112.
(5) Note de M. Duvernoy.

insignes de sa dignité. Une charte dans laquelle il figurait comme témoin, a gardé longtemps le sceau qu'il y apposa. Ce cachet, de forme ovale, représentait un abbé en chasuble, la mître en tête, la crosse dans la main droite et dans la gauche un livre ouvert. Autour était écrit, *sigillum abbatis Cariloci* (1). Au commencement de son administration, Henri, sire de Fouvent traite avec lui au sujet des vins provenant de sa vigne dite *de Longe-Planche* (2), et, un peu plus tard, Gauthier de Châtillon cède à Cherlieu la moitié des dîmes de Cendrecourt (1215). Dans la même année, Pierre de Cicon approuve les legs dont sa mère a augmenté les biens de l'abbaye à Purgerot (3), et Guy de Traves, à la vue des titres dans lesquels ses ancêtres avaient consigné le souvenir de leurs bienfaits, se désiste sans retour de ses prétentions sur les domaines du cloître (4). Guillaume, Fromont et Renaud, fils de Guy, confirmèrent plus tard ces dispositions, sous les sceaux de Thierry, prieur de Marteroy et de Hugues, prévôt de Vesoul (1247) (5). Odon de Cicon ratifia en 1231 la donation faite par son frère en 1215 et y joignit *quelque chose de son propre héritage.*

Cependant Othon de Méranie avait pris la croix, dès 1215, à la diète d'Aix-la-Chapelle où Frédéric II avait été couronné empereur d'Allemagne. Près d'accomplir cette promesse sainte, et voulant que Cherlieu eût part à ses largesses, il lui transmit ses droits sur l'un de ses

(1) Pérard, Recueil serv. à l'hist. de Bourgogne, p. 409.

(2) V. aux preuves, N. X.

(3) Hist. des sires de Salins. T. I, aux pr.

(4) Cart. de Cherlieu, fol. 94.

(5) Cart. de Cherlieu, fol. 95.

hommes de Jussey (1217) et partit, au mois d'août de la même année, avec André, roi de Hongrie, son beau-frère, le duc d'Autriche, l'archevêque de Saltzbourg et l'évêque de Bamberg, suivis de l'élite de leurs chevaliers et de leurs hommes d'armes (1). Vers le même temps, Gérard de Banvillars ayant résolu de ne plus inquiéter l'abbaye, souhaita, pour assurer l'exécution de sa volonté, qu'elle fût connue par une charte à laquelle Richard, comte de Montbéliard, dont il était le vassal, apposa son sceau (1223) (2). Enfin Gérard, sire de Chauvirey, de l'agrément de toute sa famille, offrit à Notre-Dame de Cherlieu, sous la médiation de l'archevêque Gérard, le quart des grosses dîmes de Senoncourt (1223) (3). C'est à l'année suivante que quelques écrivains ont fixé la mort de Guy III. Il faut la placer seulement en 1226, à la suite d'un acte d'accommodement qu'il conclut entre Vuillaume de Faverney, chevalier, et l'église Saint-Benigne de Dijon. Frédéric, prieur de Saint-Marcel de Jussey et Henri, seigneur de Fouvent, servirent aussi à ménager cette transaction (4).

Moins heureux à l'égard de ses propres religieux que son prédécesseur ne l'avait été dans ses rapports avec les étrangers, Renaud, dès son avénement au siége abbatial, trouva dans le cloître des ennemis irréconciliables. Un fait dispense de toute réflexion. Les statuts capitulaires de Cîteaux nous apprennent que Renaud fut menacé de la mort au milieu même du couvent. On punit les rebelles en les

(1) Docum inéd. III, pag. 505.
(2) Pièces just. N. XI.
(3) Pièces justificatives, n° XII.
(4) Pérard, 409.

privant de l'exercice des ordres sacrés et en les dispersant
au loin dans d'autres monastères. Ils devaient y occuper
les dernières places; leur retour à Cherlieu ne pouvait être
décidé que dans un chapitre général (1). Cette peine a
un caractère d'indulgence bien frappant. On voit que si
la justice séculière s'est adoucie de nos jours, les usages
monastiques lui en avaient quelquefois donné l'exemple.
L'espoir du repentir n'est pas une invention moderne :
c'est l'Evangile qui l'a enseigné au monde.

Renaud se démit de ses fonctions en 1227 et, selon
l'auteur anonyme du manuscrit de Rosières, mourut le 1er
mai 1228. Il faut vraisemblablement rapporter encore à
son administration une charte de 1227, émanée de Rainaud, sire de Choiseul, qui assurait à notre abbaye la
possession des biens qu'elle avait reçus de Foulques,
seigneur de Bourbonne (2). Une sentence arbitrale fut
rendue la même année entre l'église de Saint-Vincent de
Besançon et celle de Bellevaux. La première obtint gain
de cause, et l'on mit à néant une pièce fausse que l'abbé
de Bellevaux avait produite dans le cours du procès. Les
fabricateurs de ce titre en avaient désigné comme témoins les abbés de La Charité, de Cherlieu et d'Acey (3).

Autant le gouvernement de Renaud avait été court et
malheureux, autant celui de Guillaume, son successeur
qui l'accompagna, fut remarquable par sa longue durée
et par le calme. Nommer les sires de Choiseul, de Pesmes,
de Cicon, de la Roche-sur-l'Ognon, c'est rappeler d'abon-

---

(1) Ap. D. Martenne, IV, 1347.

(2) Hist. du diocèse de Langres, par l'abbé de Mangin, III, 299,
not. c.

(3) Cart. de Saint-Vincent, arch. du Doubs.

dantes largesses faites à Cherlieu par les seigneurs de la
plus haute naissance. Mais le détail de ces donations dont
l'objet et la forme ne varient guère, deviendrait fasti-
dieux pour le lecteur. Je me contente de les signaler en
note (1).

Il est plus intéressant d'apprendre comment, sous l'administration de Guillaume, Cherlieu conservait encore
sur les abbayes auxquelles elle avait donné naissance,
un droit de correction assez rigoureux. On se rappelle
que Haut-Crêt et Hauterive, dans l'Helvétie romande,
ont été fondés non loin l'un de l'autre par des colonies
sorties de notre monastère. Une querelle s'éleva au
XIIIe siècle entre les deux maisons pour l'usage d'un
chemin commun ; elle fut terminée, en 1230, par

(1) Alix de Dreux, dame de Choiseul et de Traves, confirme à Cherlieu la donation de la quatrième partie des dîmes de Gésencourt, Aboncourt et Saint-Martin, faite par Guillaume de Gevigney, chevalier (1230).

En 1239, nouvelle confirmation des mêmes redevances. Une autre
donation d'Alix date de 1241 ; enfin elle conclut un échange avec les religieux, au mois d'avril 1256. (Voir Guillaume. Hist. des sires de Salins,
texte 242-245, pr. 104-105).

Jacques, fils de feu Guy de Pesmes, cède à Cherlieu les droits
qu'il avait dans le moulin de la Perrière (1235). Il consent, la même
année, comme seigneur suzerain, à la vente du quart des dîmes de
Mercey, faite à l'abbaye par Guillaume de Gevigney. En 1245, il ajoute
aux donations précédentes celle d'un sujet à Ougney. (Guillaume, Sires
de Salins. I.)

Pierre de Cicon, chevalier, approuve l'aumône de deux meix situés
à Purgerot, faite par Julienne, sa mère (1215). Odon de Cicon imite
cette générosité en 1231.

En 1242, Philippe, fils de Louis sire d'Abbans, confirme les libéralités de ses ancêtres et renonce à l'action qu'il a intentée contre les religieux pour avoir donné la sépulture à Cabet de Bourbonne et à Odon
d'Augicourt, damoiseau.

une sentence arbitrale. On statua que Hauterive entre-
tiendrait une voie assez large pour qu'un cheval chargé
pût y passer commodément; que les religieux la fer-
meraient à huis et serrures s'ils le voulaient, mais à condition d'en donner une clef au couvent de Haut-Crêt qui
serait tenu de refermer l'huis à son tour : le tout à peine
pour les contrevenants, s'ils sont de Haut-Crêt, d'être
envoyés, à pied et avec une note de leur délit, à la porte
de Cherlieu où l'abbé usera d'eux à discrétion, et s'ils
sont de Hauterive, de se rendre de la même manière
à Clairvaux (1). Des relations plus douces se continuèrent
entre Hauterive et le comté de Bourgogne, sous le règne
des comtes palatins Hugues et Alix. Elisabeth, leur fille
aînée, venait d'épouser Hartmann, le jeune, comte de
Kybourg, lorsque l'abbaye eut à se plaindre de voies de
fait commises à son détriment par quelques nobles du
voisinage (2). Cette maison qui reconnaissait dans nos
souverains les descendants des premiers bienfaiteurs de
l'ordre de Cîteaux, s'adressa à eux pour obtenir justice
et se mit avec une filiale confiance sous leur auguste
protection. Hugues ne fut point insensible à cette sup-
plique. Il recommanda Hauterive aux bons offices de son
gendre et de tous les amis qu'il avait lui-même à Fribourg. Sa lettre est antérieure au 11 avril 1253 (V. S.) (3).
Non content de cette démarche, le Comte fit au couvent
donation de l'église de Root, dans le diocèse de Constance (4).

(1) Archiv. de Lausanne, pièce communiq. par M. Duvernoy.
(2) Recueil diplom. du canton de Fribourg. t. I, p. 95-96.
(3) Pièces justif. n° XIII.
(4) La collation de l'église de Root passa plus tard à l'abbaye de Zofin-

Cependant les princes se succédaient les uns aux autres dans les deux branches de Bourgogne, sans que Cherlieu cessât d'être un seul instant l'objet de leur affection et de leurs aumônes. Etienne II, si magnifique à son égard, mourut le 16 mars 1241. On l'inhuma à l'abbaye de La Charité où il avait passé une partie de sa vieillesse, et Jean de Châlons y choisit, à côté de son père, un tombeau pour lui-même (1). La pensée de sa dernière heure préoccupait déjà ce prince à qui l'âge déjà mûr n'avait rien ôté ni de sa vigueur ni de sa puissance. Après avoir désigné le lieu de sa sépulture, il pourvut d'avance au repos de son âme en fondant sur des bienfaits le doux et légitime espoir des prières des vivants. Cherlieu reçut de lui, à charge d'un anniversaire, une rente de cent *soudées* de sel sur son puits de Salins (1243) (2).

Les sires de Fouvent, connus dès le XIᵉ siècle et également distingués par leurs faits d'armes, par leurs richesses et par leurs alliances (3) n'avaient laissé qu'une fille pour recueillir l'héritage de leur nom. Devenue l'épouse de Guillaume de Vergy, seigneur d'Autrey, Clémence de Fouvent continua les relations tout à la fois bienveillantes et profitables que ses ancêtres entretenaient avec Cherlieu. Les deux maisons se prêtèrent un mutuel

gen, comme donation de la maison d'Habsbourg, puis, en vertu d'un achat, à la famille de Imhof, à Lucerne. (Not. de M. Duvernoy.)

(1) M. Ed. Clerc, I, p. 426.

(2) Hist. des sires de Salins, t. I.

(3) Dans le XIᵉ siècle florissait *Gerardus de Fouvent*, *clarissimus consul*, selon l'expression d'une charte. (Preuv. de l'hist. de Vergy, par Duchêne.) Un autre, Girard, l'un de ses descendants, alla mourir dans la terre sainte en 1170. Il avait épousé Clémence, fille de Richard II, sire de Montfaucon. (Note de M. Duvernoy).

secours pour accommoder le litige qui s'était élevé entre les moines de Saint-Benigne de Dijon et Jacques, seigneur de la Risie. Celui-ci attaquait ces religieux, parce qu'ils avaient reçu dans une communauté de leur dépendance sa fille au nombre des nonnes. Il cessa ses plaintes, moyennant une somme de 15 fr., un boisseau de froment et un boisseau d'avoine qui lui furent remis en présence de Guillaume, abbé de Cherlieu, et de Clémence, dame de Mirebel et d'Autrey (1242) (1). Cette bonne intelligence s'altéra plus tard lorsqu'Henri de Vergy, ayant oublié peut-être les sentiments de sa famille envers les fils de saint Bernard, leur suscita sur plusieurs points respectés jusqu'alors, une sérieuse contestation. Le droit d'usage dans certains bois, l'ouverture d'un étang à Corcelle, la bâtisse d'un four à Lavigney furent de part et d'autre l'objet d'une dispute animée. Clémence, plus sage que son fils, le détermina par ses conseils à abandonner ses prétentions fort douteuses et à ratifier, par une charte du mois de novembre 1254, les libéralités de ses aïeux (2). Cette pièce, munie du sceau de l'abbé et des armes de Vergy, fut longtemps conservée dans les archives de Cherlieu.

La mort de l'abbé Guillaume 1 arriva en 1256. Outre l'accroissement des domaines du cloître par suite des aumônes de tant de bienfaiteurs, ce prélat avait fait lui-même quelques acquisitions. Tel fut entre autres l'achat des pâturages de Combeaufontaine et de Contréglise, conclu en 1237 avec le chevalier Renaud, dit

(1) Hist. de la maison de Vergy, t. 1ᵉʳ.—Id. Pérard, Rec. de piéc. 450.

(2) Hist. de la maison de Vergy, II, p. 194-195.

Malechar, de Champey, en présence d'Amédée, abbé de La Charité et d'Arnould, doyen de Traves, pour 12 liv. estev. (1).

Albéric qui remplaça Guillaume, ne nous est connu que par une transaction du 26 mars 1256 (V. S.). Elle avait pour objet les prétentions respectives de l'abbaye et des sires de Beauffremont sur Trémoncourt, Tarté-court et Magny (2). Agnès de Ferrette, veuve de Pierre de Beauffremont, consentit à ce traité de concert avec Liébaud son fils. Le sceau de la noble dame y fut apposé avec ceux de Clémence de Fouvent et de Henri de Vergy, sénéchal de Bourgogne (3). Ce dernier mourut le 27 octobre 1258. On l'enterra à Cherlieu dans une chapelle affectée dès-lors aux sépultures de sa maison, et la rose de Vergy fut gravée sur les pilastres et sur les murailles de l'église. Mais c'est surtout à Theuley qu'on en retrouvait l'empreinte, avec la plupart des tombes qui avaient reçu les restes mortels de ces preux chevaliers. Un des frères de Clémence, Anselme de Fouvent, chanoine de Langres, passa, en juin 1263, un acte d'accommodement avec notre monastère. Les objets en litige étaient un droit de péage à Cornot, une rente en blé à Pressigny, l'établissement d'un esca-lier et celui d'un barrage sur la rivière de Vauconcourt. Anselme, après avoir abandonné toute prétention sur ces divers points, ratifia les bienfaits de son père et

(1) Inv. de Cherlieu : Combeaufontaine, cot. 2. (Note communiquée par M. Duvernoy.)

(2) Dunod, Hist. du Comté, II, p. 496. — Schœpflin, Als. dipl. I, n° 567.

(3) D. Plancher, Hist. de Bourg. II, p. 343.

de ses frères , Girard et Henri (1). Dans la même année, au mois d'août, les abbés de Cherlieu et de Faverney apposèrent leurs sceaux à l'engagement de la moitié des château et ville de Port-sur-Saône fait, pour 2000 liv. estev. , aux comtes palatins Hugues et Alix, par Philippe de Montaigu, sire d'Antigny, et Flora sa femme (2).

Nous avons déjà vu naître et grandir le relâchement dans Cherlieu. Ce cloître devait s'enrichir encore et par là devenir plus inaccessible à la réforme. Dès le commencement du XIVᵉ siècle, les occupations manuelles prescrites par la règle de Cîteaux tombent en désuétude. C'est assez dire l'état des mœurs. Cherlieu , en se déchargeant sur des serfs du soin pénible de la culture, ne sait point remplacer le travail du corps par celui de l'intelligence. Le souvenir de saint Bernard s'efface presque dans tous les cœurs ; notre histoire n'est plus désormais qu'une longue et lamentable décadence , mêlée aux pompes funèbres des princes de la terre. Devenus les gardiens des plus somptueux tombeaux , les religieux mènent le deuil des puissances du monde auxquelles ils accordent un asile , sans pleurer eux-mêmes sur leur propre grandeur qui décline et se perd au sein d'une oisive opulence.

(1) Hist. de la maison de Vergy, t. II, 190-191.

(2) Chambre des comptes , p. 193.—Jean de Vergy, sire de Fouvent, possédait l'autre moitié sous le fief du comte palatin. La maison forte de Port-sur-Saône , près du prieuré de ce nom , fut construite en 1289 par Hugues de Bourgogne , l'un des fils puînés de Hugues et Alix. (Note de M. Duvernoy.)

CHAPITRE III.

Des sépultures dans les monastères. — Hugues et Alix de Bourgogne
sont inhumés à Cherlieu. — Othon IV, son caractère et ses malheurs.
— Il livre le Comté à la France. — Sa mort, son convoi funèbre, son
tombeau. — Bulles des papes en faveur de notre monastère. — Suite
chronologique des abbés. — Leurs principaux actes. — Désastres du
XIVᵉ siècle.

Un des plus nobles ornements des églises monastiques
était assurément le pavé lui-même, à la fois historique,
moral et religieux. On eût trouvé difficilement une mo-
saïque plus riche et plus intéressante. Chaque siècle à son
tour était venu déposer au pied des autels des témoignages aussi variés que magnifiques du néant des grandeurs humaines. Des images d'abbés, d'évêques, de
princes même, encadrées par divers ornements, re-
haussées de parties colorées, mêlées quelquefois, mais
trop rarement, à la pierre plus modeste d'un laboureur,
formaient dans ce champ de la mort un tapis à mille
pièces, tantôt fastueux et tantôt simple, toujours digne
des yeux du voyageur et du respect des familles qui venaient s'y agenouiller. Ici un nom seul arrêtait la vue ;
là elle se reposait sur des écus blasonnés et des épitaphes
pompeuses, vaine accumulation de titres et de dignités
qui faisait ressortir avec plus d'éclat encore l'inexorable
impartialité de la tombe.

Cette gloire et ces leçons n'ont point manqué à

l'abbaye de Cherlieu. Vers le milieu du XIIIe siècle , les comtes de Bourgogne commencent à y placer leurs tombeaux , et leurs fidèles chevaliers , jaloux , ce semble , de se tenir à leurs côtés jusque dans leur dernier asile , viennent se ranger dès-lors sous les voûtes du même monument.

Divon , que d'autres appellent Bisuntius (1) , monta après Albéric sur le siége abbatial (1266) , pour recevoir quelques mois plus tard les cendres de Hugues , comte palatin (octobre ou novembre). On les déposa non loin du maître-autel, du côté de l'épître; la statue de ce prince en indiquait la place, et on lisait sur la pierre tumulaire :

> Aspicis hunc lapidem : pius Hugo quiescit ibidem.
> Hujus jàm pridem patriæ comes extitit idem.
> Hic , juxtà morem , retinere quietis honorem
> Postulat uxorem prolemque sequi genitorem.
> Obiit anno IV. CC. LXVI (2).

Le vœu de Hugues que le dernier vers exprime ne paraît pas avoir préoccupé d'abord la comtesse Alix. Mère de douze enfants , elle songea plutôt à se donner un appui par une seconde alliance, afin de gouverner en paix l'antique héritage de ses pères. Philippe de Savoie devint son mari, et elle abandonna le séjour de la Bourgogne. Toutefois ce ne fut point en vain que son premier époux avait marqué d'avance sa place à côté de lui. Par son testament daté du mois de mars 1277 (V. S.) , elle

---

(1) Peut-être à cause du lieu de sa naissance.

(2) Gollut, n. éd. col. 572. — Voy. de deux bénédictius.

choisit notre abbaye pour le lieu de sa sépulture et y
fonda un anniversaire en donnant aux religieux 20 liv.
de rente perpétuelle. Une année après, le 8 mars, elle
mourut à Evian, en Savoie, sur les bords du lac de Ge-
nève. Sa dépouille mortelle fut apportée dans l'asile
qu'elle avait désigné, et en 1306, une tombe en cuivre,
faite récemment à Paris par les soins de la comtesse Mahaut, sa belle-fille, vint recouvrir ses cendres chéries.
On voyait encore dans le dernier siècle ce pieux monument près du maître-autel, du côté de l'évangile. Il
portait une épitaphe d'assez mauvais goût qui, si elle est
due à un moine de Cherlieu, ne fait point honneur à sa
littérature :

> Alta plagis italis marquissa Sabaudialis
> Et Burgundialis comitessa sub hic jacet Alis.
> W. semel et C, ter sunt vigenti duo præter,
> Ossibus hexameter locus hic animæ patet iter.
> Octavo Martis exuta sum caro filamen
> Artubus hic arctis hujus generet relevamen.
> In sanctæ partis requie sit ei locus. Amen (1).

Divon était mort depuis 1270. Il avait obtenu de Poinçard, seigneur de Pesmes, de Guillaume et de Simon de
la Risie, pour la somme de 160 liv., le désistement des
droits d'usage qu'ils réclamaient dans les forêts de Cherlieu. Gauthier, son successeur, descendit dans la tombe
(1277) avant qu'elle se fermât sur les restes inanimés
d'Alix. Après lui, la crosse abbatiale passa dans la main
de Guy IV. C'est à ce dernier que Jean de Vergy voulut

---

(1) Gollut, col. 575. — Voy. de deux bénéd.

bien renouveler l'assurance de sa protection et de ses
bons offices, en approuvant sans réserve les dons offerts
par ses ancêtres à Notre-Dame de Cherlieu. Jean de
Vergy ajouta : « Si nous ou nos héritiers augmentons
» le nombre des foires ou des marchés de Fouvent, les
» religieux continueront à y percevoir le droit d'éminage,
» comme ils en jouissent aujourd'hui. Nous voulons de
» plus qu'ils établissent dans la halle un logis où ils pour-
» ront sans dommage toucher leurs redevances, et au-
» dessus une chambre dans laquelle ils conserveront les
» poids et mesures nécessaires à l'éminage (1) » (dé-
cembre 1278). Une transaction conclue avec Guillaume
d'Abbans marqua la dernière année de l'administration
de Guy IV (2).

Jean I gouverna dix ans le monastère (1282-1292).
Bougey, qui dépendait déjà des domaines de Cherlieu,
entra sous sa juridiction spirituelle, grâce aux libéralités
de Poinçard, seigneur de Pesmes et de Vuillaume de
Bougey, damoiseau. Ceux-ci avaient alternativement
droit de présentation à la cure ; ils le cédèrent aux religieux avec quelques redevances utiles (3). En 1283,
Poinçard fonda son anniversaire à Cherlieu ; une donation de Jean de la Roche sur l'Ognon, sire de Ray, date
de la même année (4). Elle a pour objet la métairie de
Betoncourt que les moines avaient naguère échangée
(1234) avec Othon de la Roche contre les dîmes de Fleu-

(1) Hist. de Vergy, II, 204-205.
(2) Sires de Salins, t. I.
(3) Note communiquée par M. Duvernoy.
(4) Sires de Salins, t. I, p. 72.

rey (1). Le généreux sire de Ray n'en accorda pas moins à ces religieux une rente annuelle de trois bichots de froment sur la terre qu'ils avaient aliénée.

Un autre ami du monastère, Jean de Rupt (2), se fit inhumer, en 1283, dans l'église qu'il avait enrichie. Voici son épitaphe :

> Cy gist Jehans escuiers, sires de Ru,
> Qui trepassai au mois de octobre
> M. CC. IIII. XX et III. la voille de
> Seint Nicholas d'iver.
> Priez pour l'arme de luy.   Amen.

Les derniers jours de l'abbé Jean furent troublés par de graves désordres. Jean de Vergy, sénéchal de Bourgogne, prétendait à la garde et à la haute justice de Cornot et au pâturage du territoire de Gourgeon. Également zélé pour ses sujets et pour soi-même, le couvent défendait ces droits divers, les uns parce qu'ils lui appartenaient, les autres dans l'intérêt de ses hommes de Lavigney. On ne sut pas s'arrêter dans les limites d'un débat judiciaire. A Lavigney et à Gourgeon, plusieurs querelles s'engagèrent entre les sujets des deux seigneuries rivales, et il y eût, dit une chronique, « pour cette » discorde grans batailles entre les hômes desdites villes » et mêmes mort d'hômes. » Le sire de Vergy consentit

---

(1) Sires de Salins, t. I. p. 71.

(2) Hugues, d'une première maison de Rupt, vivait en 1135. Elle s'éteignit dans celle de Pesmes, déjà distinguée sous le règne du comte Renaud II. Le sire Guyot, l'un des Croisés de 1201, la releva par ses deux fils, Jean, désigné dans notre texte, et Jacques, qui vivait en 1239 et postérieurement.

enfin à une transaction. Il reçut 200 liv. tournois et abandonna toutes ses prétentions à ce prix (1290) (1). En 1296, ces dispositions généreuses duraient encore. Le sénéchal approuva alors que son oncle, Anselme de Fouvent, chanoine de Langres, eût donné en aumône aux abbé et religieux de Cherlieu la moitié des grosses dîmes de la *ville* et de toute la paroisse de Vauconcourt (2). Guillaume de Conflandey consentit de même à cet acte de libéralité, et le titre en fut dressé par l'official de Besançon, en présence de l'archevêque Odon.

Othon IV, comte palatin de Bourgogne, était alors en proie aux plus vives agitations. Tantôt il soutenait en Sicile et en Aragon des guerres ruineuses, tantôt il bravait étourdiment l'empereur Rodolphe ou s'engageait dans de longs débats contre ses frères ou ses proches. Jean, l'un de ceux-là, élevait diverses prétentions en accroissement d'apanage ; Othon résistait à ses demandes. Ils convinrent de s'en rapporter au jugement arbitral de Hugues, leur frère commun, qui adjugea au plaignant 1300 livres de terre assignées sur la châtellenie de Jussey, ses fiefs et ses arrière-fiefs. Mais on en excepta formellement celui de Vergy et *la garde de l'abbaye de Cherlieu* (3). C'est la première fois qu'il est fait mention de cette *avouerie* dans nos chartes. Le passage prouve que les comtes palatins de Bourgogne attachaient encore un grand prix au titre de protecteurs de Cherlieu. L'ac-

---

(1) Hist. de Vergy. II, 210-211.

(2) Hist. de Vergy, II, p. 214.

(3) Chev. Hist. de Poligny, t. 378-379.

cord est du 11 août 1292; il fut renouvelé après la saint Remy 1293 (1).

Sur ces entrefaites, Philippe-le-Bel obtint de la cour de Rome l'autorisation de lever des subsides sur les biens de l'Eglise gallicane. Il notifia cette nouvelle à l'abbé de Cîteaux qui, de son côté, s'occupa de la répartition de l'impôt entre les différentes communautés de l'ordre. Dès qu'Othon en fut instruit, son premier soin fut de rappeler au prélat que Cherlieu ne devait point supporter une pareille charge, attendu, disait-il, « que *la terre de ce monastère est en l'Empire* et au diocèse de Besançon (2). »

Il était beau de revendiquer ces titres glorieux. Mais le comte qui les rappelait si complaisamment à l'abbé de Cîteaux, n'était pas éloigné de les sacrifier à l'ambition de Philippe-le-Bel et à ses propres intérêts. En butte à tous les événements, abaissé par les empereurs, Rodolphe de Habsbourg et Adolphe de Nassau, aigri par ses mauvais succès, excommunié, ruiné et harcelé par ses créanciers, il livra tout à la France, « son comté, » sa baronnie, sa terre, ses droits, ses hommages et ses » fiefs. » Dans la déclaration qu'il en fournit au roi, Cherlieu, le plus riche de nos monastères, est compris comme jouissant alors d'un revenu de 7000 livres (1295) (3). Au milieu des cris d'alarme que cet acte arrachait du nord au midi à toute la noblesse du Comté, Jean de Châlons-Arlay I, Renaud, comte de Montbéliard et tous les hauts barons avec eux, accoururent à Besançon, et

(1) Invent. de Bourg. I. 277-278.
(2) Invent. de Dijon, not. com. par M. Duvernoy.
(3) Voyez ci-devant, page 26, note 3.

s'associèrent entre eux pour s'opposer à l'effet du traité de Vincennes. Avant d'engager une lutte sanglante, le comte de Montbéliard mit ordre à ses affaires. Les legs pieux ne furent pas oubliés dans son testament; Cherlieu y figure pour une aumône de 80 livres (1296) (1).

D'autres ont raconté les vicissitudes de la guerre civile, la part que l'Allemagne et la France y prirent à la fois, et la paix qui la suivit (1301) (2). Othon avait abandonné la Bourgogne avec sa femme Mahaut d'Artois, et Jeanne, sa fille encore unique. Mais il se parait encore, soit à Paris, soit dans les armées françaises, du titre de comte palatin, vain nom que la France et l'Empire ne lui donnaient plus (3). Un pressentiment de sa fin prochaine lui fit faire son testament, « dehors de Vitry, » en l'ost du roi de France, le 13 septembre 1302. » Il choisit son tombeau dans l'église de Cherlieu « devant » l'autel de la Trinité où reposent ses chiers père et » mère. » Il veut que les exécuteurs de sa dernière volonté achètent aux moines dix *livrées* de terre pour 100 liv., « afin de chanter toujoursmais, audit autel de » la Trinité, chaque jour une messe. » A cette donation le Comte ajoute une autre somme de 100 liv. tournois pour son enterrement, et il veut de plus que les vingt *livrées* de terre dont sa mère a gratifié le monastère seront recouvrées sur les tailles de Jussey.

Blessé près de Cassel dans un combat contre les Fla-

---

(1) Note de M. Duvernoy.

(2) M. Ed. Clerc, I, 480 et suiv.

(3) L'empereur Adolphe, par un acte de 1296, avait déclaré Othon déchu de son titre, et prononcé la commise du comté de Bourgogne au profit de la chambre impériale.

mands, Othon mourut à Melun le 17 mars 1303, et son corps fut déposé près de cette ville, dans l'abbaye du Lis. « De tous les comtes de Bourgogne décédés en » Europe, lui seul n'avait pu, dit M. Ed. Clerc, trouver » une tombe dans un pays qu'il avait livré à la France. » Ajoutons qu'il aimait trop peu sa patrie, pour qu'elle réclamât l'honneur de posséder sa dépouille mortelle. Huit ans s'écoulèrent avant que ses dispositions testamentaires fussent exécutées. Enfin, sur la demande de sa veuve, le corps d'Othon quitta le monastère du Lis et prit le chemin de Cherlieu, au milieu des pompes les plus solennelles, préludes d'une cérémonie plus imposante encore (9 février 1309 V. S.). On le déposa pendant quelques jours dans l'église de Saint-James aux environs de Langres. Puis, le 3 mars suivant, le convoi se remit en marche vers sa destination; le 5 eut lieu la fête funèbre.

Derrière le cercueil marchait la comtesse Mahaut, entourée de l'archevêque de Besançon, des évêques de Négrepont, de Tabarie et de Souda, dans l'île de Candie. Venaient ensuite les vénérables chefs de presque tous les monastères du Comté, dont les costumes variés offraient, sous leur mitre blanche, l'aspect de la sévérité unie à la grandeur. Ils appartenaient à quatre ordres différents. Les abbés de Luxeuil, de Lure, de Saint-Vincent, de Baume et de Bèze représentaient Cluny; l'abbé de Saint-Paul, l'ordre des Augustins; les abbés de Corneux et de Flabamont, celui de Prémontré. On comptait dans l'ordre de Cîteaux ceux de Cherlieu, de Mont-Ste.-Marie, de Balerne, d'Acey, de Billon, de Beaulieu, de Clairefontaine, de Theuley, de la Charité, de Lieucroissant, de Rosières et de Vaux-la-Douce. Le cortége des princes n'était pas moins brillant. Au premier rang apparaissaient les deux frères du défunt, Renaud, comte de Montbéliard, et Hugues de Bourgogne. Trois cents chevaliers, dont trente à bannières, marchaient derrière eux, et à leur suite trois mille gentilshommes et nobles dames. Des jacobins, des ermites, des prêtres séculiers dont on ne saurait dire le nombre, une multitude de tout sexe et de tout âge, que l'on évalue à quinze mille personnes, tel était le peuple qui se pressait sur le pavé des nefs ou à la porte de l'église. Tous les yeux se fixaient sur le magnifique catafalque où le défunt avaient été déposé. Les étoffes de soie qui s'y mêlaient aux draps d'or et d'argent, laissaient voir ici des peintures symboliques, là des écussons aux armes du Comte. Huit cents cierges et cinquante torches éclairaient ce lugubre spectacle. Mais comme s'il eût été trop pompeux pour la mémoire d'un seul homme, le corps de Jean de Bourgogne inhumé, en 1306, à Faverney, fut apporté le jour même à Cherlieu et partagea ainsi avec Othon les honneurs de la cérémonie et le repos de la tombe. La mort réunissait sous ces voûtes deux frères dont les dissensions avaient été si vives pendant leur vie. Ce qui frappait encore dans ce jour solennel, c'était l'absence des trois enfants du comte Othon, de son gendre lui-même. Ce convoi était sans regrets et sans larmes (1). Au reste rien n'avait été négligé pour subvenir aux besoins de la journée. Le vin coula sur les tables avec une abondance vraiment royale,

---

(1) Voyage de deux bénéd. — Chroniq communiq. par M. Duvernoy ; M. Ed. Clerc, II, 14.

et les viandes dont elles furent chargées rappellent par leur profusion les festins des héros d'Homère (1). On peut juger des dimensions de la pierre tumulaire par la longue inscription qu'elle portait. Ce n'était autre chose que le récit des pompes de la fête et l'énumération des principaux personnages qui s'y rencontrèrent. Cette pierre était dressée contre la muraille; devant elle se

(1) *Extrait des comptes du domaine de Bourgogne pour l'enterrement du comte Othon.*

— 2662 liv. de cire achetées à Lyon. . . . . .   836 liv.

— Pour l'amener par eau, dès Lyon à Gray et dès Gray à Cherlieu par terre.   8

— Dépenses de ceux qui allèrent l'acheter à Lyon, et pour leur retour à Bracon   10   11 s.

— Cheval loué pour porter les deniers à Lyon.. . .   2

— Pour façon de la *maison* où sera le luminaire. . .   6

— Pour peindre cette *maison* et pour couleurs.. . . .   8   6

— *Item pour faire le harnois* (ornement du catafalque) *par Gauchier de Poligny* :

—   1. Quatre pièces de cendal noir pour le ciel de la *maison.*   25

—   2. Dix-huit pièces de cendal *inde* (bleu), pour faire huit paires de harnois d'armes.. - . . . 136   16

—   3. Quatre *agnes* (aunes) de cendal vermeil . , .   1   12

—   4. Pour battre les huit paires de harnois. . . . 180

—   5. Façon du tailleur et du coudre. . , . . .   20

—   6. Six pièces de toile verte pour *forrer* (doubler) les harnois..   18   15

—   7. Pour franges.,.   16   17 s.

—   8. Pour deux draps d'or de Turquie..   62   10 s.

—   9. Quatre draps communs pour porter avec le corps.   5

—   10. Deux autres qui doivent être donnés à Lis quand le corps en partira.   25

—   11. Pour toile blanche pour deux draps de lit. . .   36

—   12. Cuir pour faire huit paires de bracceux et pour le bois de huit écussons   4

détachait un tombeau en marbre noir, qui renfermait les ossements d'Othon et portait sa statue couchée, revêtue d'un habit guerrier; un chien reposait aux pieds du Comte; on voyait à sa tête un ange et un religieux. Toutes ces figures, d'un marbre très blanc, faisaient ressortir la couleur sévère du tombeau.

Au milieu de ces événements, Cherlieu avait vu Guillaume II succéder à Jean, après un interrègne assez long dont la cause est demeurée inconnue. Celui-ci était mort en 1292, et Guillaume ne prit possession du siége abbatial qu'en 1298. Il avait déjà gouverné le monastère de Balerne et même celui de Trois-Fontaines, si l'on en croit les auteurs de la Gaule chrétienne (1). Elevé

— 13. Les fers et le cuir de huit crestes et huit clairons. 1 liv. 10 s.
— 15. Quatre douzaines d'écussons petits pour semer le ciel de la *maison*. 5
— 15 Pour les dépenses d'une charette à trois chevaux allant quérir dois Bourgoigne à Paris le dit harnois, et y demeurer 6 jours 28
— Pour mener dois Arbois à Cherlieu 21 muyts de vin. 30
— Pour 6 queues de vin achetées, et les autres furent du cellier de Madame 4 10
— Perte sur la revente de 40 bœufs gras et 100 moutons.
                                                        80 16
— Pour mil et cinq chefs de polailles à 12 deniers. . 112 10
— Pour 6 1/2 muids de froment. 130
— Pour 10 muids d'avoine. . , ... 54 3
— Pour 278 *agnes* (aunes) de nappes achetées à Châlons. 64 12
— 20 liv. de gingembre 12
— 12 liv. de poivre . . . . . . , . . ─ . 9
— 4 liv. de canelle 1 12
— 3 liv. de giroffle 3 12

Le total s'élève à près de 45,000 francs de notre monnaie.
                              (Communiq. par M. Duvernoy,)

(1) *Gall. christ.* IV, p. 259.—Chroniq. gén. des Bénéd. IV, p. 193.

en 1312 (1) à la dignité plus éminente d'abbé de Clairvaux, il ne fut remplacé à Cherlieu que deux ans après.
Outre la cérémonie funèbre qui est le fait le plus saillant
de son administration et l'un des traits les plus curieux
de notre histoire, on doit citer encore soit les bulles anciennes des souverains pontifes qu'il fit vérifier par l'of-
ficialité métropolitaine, soit les nouvelles qu'il reçut de
Boniface VIII. Les unes émanées de Luce III, d'Innocent IV et d'Urbain IV, acquirent, par les soins de Guillaume, une nouvelle autorité en se revêtant du sceau de
l'archevêque de Besançon. Le cartulaire qui les mentionne
en laisse ignorer la date; plusieurs même manquaient
déjà de certains caractères d'authenticité, lorsque le *vi-
dimus* du prélat y fut apposé. Quant aux bulles de Boniface VIII, elles ont pour objet les usurpations commises
sur les terres des Cisterciens en général et de Cherlieu en
particulier. Le pape y décrète l'excommunication contre
les perturbateurs du repos monastique. (4ᵉ férie après
Pâques, 1303) (2). Telles sont en résumé les vingt-quatre
bulles dont Cherlieu parlait avec orgueil. Dans ce nombre, quatorze seulement se rapportaient à notre abbaye
d'une manière spéciale; le reste concernait l'ordre de
Cîteaux, son droit d'asile, son exemption de toute juridiction épiscopale et de la plupart des taxes de la chan-
cellerie romaine.

(1) Dans cette même année, Eluis de Joinville, veuve de Jean de
Faucogney, vicomte de Vesoul, fit par son testament du 25 juillet d'a-
bondantes aumônes aux abbayes de Bithaine, Bellevaux, La Charité,
Cherlieu et Clairefontaine. Elle voulut être inhumée dans l'église des
dames de Montigny, qu'elle avait fondée *de ses biens et de ses acquêts.*
(2) Cart. de Cherlieu, à la bibl. roy., 328—351.

Thiébaud, élu abbé en 1314, eut, comme son prédécesseur, d'utiles rapports avec la maison de Vergy. Celui-
ci avait obtenu de la part du sénéchal Jean de Vergy,
une renonciation complète à tout ce qu'il pouvait ré-
clamer dans le fief de Gourgeon (1), et l'exécution fidèle
des traités favorables au monastère (2) (lundi après
la conversion de saint Paul, 1306, V. S.). Ces dispositions ne changèrent point sous le gouvernement de Thiébaud : un acte de 1316 nous en donne la certitude. On
y apprend d'abord qui l'éminage de Fouvent dont les
religieux jouissaient alors sans partage, fut un peu diminué par les intrigues de quelques hommes jaloux des
droits de l'abbaye. Mais préjudicier à cette maison c'é-
tait attaquer les sires de Vergy. Henri, l'un d'eux, le
déclare formellement et il ajoute « que tous ceux qui
» apportant, amenant, pour eux ou autrui, blés, avoines,
» orges, fêves, pois et autres choses qu'on a accoutumé
» de mesurer à Fouvent, ne paieront pas ledit droit
» d'éminage aux religieux, raisonnablement seront amen-
» dables de 60 sols à percevoir par le prevôt de la terre
» sans grace aucune (3). »

Thiébaud mourut en 1317 et laissa la crosse à Jean II
dont l'administration et la vie finirent en 1320. L'his--
toire ne nous a transmis que son nom et la date de sa
mort. Renaud II, son successeur, est connu par une

(1) L'abbaye avait acheté ce fief de Hugues de Vellefaux, sire de la
Rochelle. Il était tenu par Aymonin de Gourgeon, écuyer.

(2) Il s'agissait de cent *soudées* de terre que Hugues-le-Bourguignon,
transigeant avec l'abbaye, lui avait assignées sur les fiefs et arrière-fiefs de
la maison de Vergy. (Hist. de Vergy, II, 221—222.)

(3) Hist. de Vergy, II, 236—237.

affaire difficile dans laquelle il figure comme arbitre. A la mort de Renaud de Bourgogne, comte de Montbéliard, des contestations s'élevèrent entre Jean de Châlons, comte d'Auxerre II, son gendre, et Hugues de Bourgogne, curateur d'Ottenin, son fils, qui était faible d'esprit. Il s'agissait de régler les prétentions d'Alix de Montbéliard à la succession de son père, et Jean de Châlons, son mari, les soutenait avec vigueur. Cependant un compromis fut signé entre les deux princes qui convinrent par cet acte de s'en rapporter au jugement de l'abbé de Cherlieu et du sire Humbert de Beaujeu (1). Le zèle des deux arbitres eut pour résultat un prompt et durable accommodement. Ainsi d'une part, le comte d'Auxerre désavoue les voies de fait que ses gens s'étaient permises contre Hugues et les siens, déclarant qu'en tout cela « *li* » *déplait li commencement, li mchainz et la fin.* » D'un autre côté on lui promet *la quarte partie du comté de Montbéliart* et on lui donne, *pour à compte*, le château de Montaigu et la terre de la montagne. Le surplus dans lequel doit être comprise la terre de Sellières, sera évalué par les deux arbitres. Enfin ceux-ci régleront encore, à leur gré, les conditions de l'alliance stipulée entre Hugues de Bourgogne et Jean de Châlons (7 juin 1323) (2).

Le rôle de conciliateur que Renaud remplissait si bien, lui fut confié une seconde fois pour mettre fin aux réclamations des habitants de Mancenans et d'Etrapes contre l'abbaye de Lieucroissant. Certaines prestations

(1) Coll. diplom. de M. Duvernoy.
(2) Ch. des comptes, M. 211.

et, en particulier, le droit d'aide en argent auxquels ces
deux villages refusaient de se soumettre avaient donné
naissance à cette difficulté. Renaud prononça une sentence favorable au monastère. Il était assisté de Thierry de
Vezet, chevalier, du bailli et du trésorier de Bourgogne
(1326, V. S.) (1). Membre du parlement tenu à Baume
la même année, sa sollicitude pour les affaires d'autrui
ne l'empêchait pas de veiller aux intérêts de son monastère. Sur sa demande, Henri de Vergy enjoignit au
prévôt de Fouvent, de jurer entre les mains des moines
« qu'il garderoit bien et léalement leur droit d'émi-
» nage et qu'il leveroit les amendes de ceux qui fraude-
» roient ledit droit. » Cet ordre fut donné à Theuley, le
jour de saint Benoît, 1327 (2). Selon le manuscrit de
Rosières, la mort frappa Renaud le 1ᵉʳ mai 1328.

Arnould succède à Renaud, et Guy de Caudenay à
Arnould. Guy fut aussi abbé de Theuley en 1338, soit
qu'il eût réuni les deux crosses dans sa main, soit qu'il
eût quitté Cherlieu pour une maison plus chère encore
aux sires de Vergy. La haute intervention de ces puissants
seigneurs était alors une garantie de sécurité bien digne
d'envie : car une ligue formidable désolait le pays en haine
d'Eudes IV, alors duc et comte de Bourgogne. Jean de
Châlons, sire d'Arlay II, Henri de Montfaucon, comte de
Montbéliard, Thiébaud V, seigneur de Neufchâtel, en
étaient les chefs. Les uns achevaient déjà de ravager les
montagnes, les autres, descendant dans la plaine, em-
portaient Choie et renversaient les murs de l'abbaye de

(1) Perreciot, État des personnes, nouv. édit. III, N. 120.
(2) Hist. de Vergy, II, 239—240.

La Charité, lorsque le duc de Bourgogne après avoir réuni ses troupes, les échelonna de Dole à Vesoul, dans les places voisines de la Saône. Une garnison fut envoyée à Jussey et y passa trente-six jours. Cherlieu ne fut point exempt d'alarmes et de beaucoup d'exactions (1336). Les vivres manquaient à Eudes, et il était obligé, sous les murs de Dole, de faire parcourir tout le Val d'Amaous à ses fournisseurs jusqu'à Vesoul et à Jussey (1).

Vers 1339, la guerre civile s'était ranimée et régnait encore aux environs de Cherlieu. Robert de Châtillon, gardien de Bourgogne, assiégeait le château de la Rochelle, accompagné du prévôt de Jussey et suivi d'une troupe assez forte. La terreur qu'inspiraient les armes, était trop bien sentie pour que le monastère ne se mît aussitôt sous la protection du duc Eudes. Les habitants de Semmodon, sujets de Henri de Bourgogne, voulurent imiter cette conduite. Mais le prévôt de Clerval qui arrivait au siége, dirigea contre ce petit village sa compagnie avide de butin. On crie *au gain*, on brise les portes des maisons, on pille ce qui s'y trouve, et l'on emmène le bétail. Puis les auteurs de cette expédition facile se retirèrent en partie à Jussey, en partie dans le camp de Robert devant la Rochelle (2).

Nicolas venait de remplacer Guy de Coudenay dans le gouvernement de Cherlieu. Il ouvrit plusieurs fois le caveau de son église aux cendres des grands. Jacques de Rupt y fut inhumé vers 1347, à côté de Jean de Rupt, son père. Fidèle aux traditions de générosité

---

(1) M. Ed. Clerc, II, 54—56.
(2) Ext. d'une enquête de 1359. (Chambre des comptes, B. 866.)

comme aux lois de l'honneur chevaleresque , il avait
suivi l'exemple de ses ancêtres, en léguant à l'abbaye
une rente annuelle de froment sur le moulin d'Ougney :
ce don fut ratifié par Gauthier son fils (1). La peste, la
famine et la guerre troublèrent le repos de Cherlieu sous
Nicolas (1340 — 1357) et surtout sous Eudes de Pierrefitte son successeur (1358-1364). On peut juger de tout
ce que le dernier eut à souffrir, d'après les mouvements
militaires qui s'opérèrent aux portes du cloître. A l'appa-
rition des Anglais sur nos frontières, Philippe, duc de
Bourgogne, les avait garnies de gens d'armes, et avait
ordonné qu'on les pourvût de vivres abondants. Le château de Jussey fut compris dans cette ligne. Une compagnie aux ordres de Hugues de Vienne, seigneur de
Saint-Georges, vint l'occuper dès la fin de juin 1360, et
y demeura jusqu'au 26 juillet suivant (2). C'était une res-
source d'autant plus faible contre l'ennemi, que Jean de
Vy et les Lorrains sortaient à peine de ce pays épuisé où
ils avaient mis tout à feu et à sang (3). Le Comté était
en grand péril; on songea à une trève; elle fut négociée
et conclue à force d'argent. Encore plusieurs capitaines
anglais ne se crurent-ils pas obligés de la respecter. Ils
pénétrèrent dans la province, prirent Jussey, franchirent
la Saône et poussèrent jusqu'à Vesoul leurs ravages et
leur conquête (4).

De faibles indemnités réparèrent un peu les pertes de

(1) Guillaume. Sires de Salins , I , 347 et suiv.
(2) Note communiquée par M. Duvernoy.
(3) M. Ed. Clerc . t. II , 112.— Ch. des comptes, J. 118.
(4) M. Ed. Clerc , t. II, 117.

Cherlieu. Ce monastère les dut d'abord à la dauphine Isabelle, femme de Jean, sire de Faucogney, par une aumône de 30 livres estevenants faite au moment de sa mort dans le château de Montmirey (1345) (1), puis au jeune duc Philippe de Rouvres qui, dans son testament, légua cent *soudées* de terre à chacune des abbayes de saint Benoît, de saint Bernard et de saint Augustin dans les duché et comté de Bourgogne (1360) (2). L'année suivante, Thiébaud de la Roche sur l'Ognon détacha d'un fief qu'il possédait à Jussey quelques propriétés et les céda aux religieux, à charge d'un anniversaire.

Je ne parle pas des excursions des *Routiers* et des *Tard-venus,* ni de leurs affreux ravages dans la Bourgogne. Ils sont aussi certains qu'il est difficile d'en marquer exactement et les dates et tous les détails. Quel ordre pouvait d'ailleurs mettre dans nos campagnes cette armée de brigands, dont le nom seul de *fils de Belial* qu'ils se donnaient, annonce assez les *vilains faits*, selon l'expression d'un chroniqueur? La mort de Philippe de Rouvres les enhardit à renouveler leurs entreprises, et Marguerite, héritière du Comté, dut, dès son avènement, se défendre contre eux et contre des ennemis domestiques. A la tête de ceux-ci paraissait Jean de Bourgogne, issu du sang de nos Comtes, et dernier mâle descendu de l'aîné des fils de Jean de Châlons l'antique. Ses ancêtres comptaient parmi les bienfaiteurs de Cherlieu et de La Charité, et leurs possessions s'étendaient le long de la Saône et de l'Ognon. Jean, fils de Henri de Bour-

---

(1) Note de M. Duvernoy.
(2) Guillaume, sires de Salins, I.

gogne, se présente d'abord dans les lieux où les souvenirs de famille peuvent contribuer au succès de ses armes. Gray ouvre ses portes sans résistance ; Jussey reçoit les troupes de l'usurpateur et toute cette contrée salue dans lui un nouveau comte palatin. Mais les hauts Barons parlèrent un autre langage. C'était leur intérêt qu'une femme gouvernât le Comté. Ils le comprirent et firent triompher sa cause. Abandonné ou vaincu, Jean de Bourgogne dut renoncer à sa puissance éphémère : les deux villes rebelles, Gray et Jussey, expièrent par des amendes considérables l'appui qu'elles lui avaient donné; et Marguerite, généreuse dans son succès, remit aux prêtres et aux chapelains de Jussey la somme de 55 florins à laquelle ils avaient été taxés pour contribuer à l'impôt général (1).

Après avoir ruiné les espérances de son rival, la Comtesse mit à la tête de son conseil Henri, comte de Montbéliard, et le nomma gardien du comté de Bourgogne. Ce Prince n'oublia rien pour maintenir partout l'autorité de sa souveraine : mais, malgré l'établissement d'un donjon à Jussey (1364), et beaucoup d'autres mesures de sûreté, il ne put fermer à l'ennemi des frontières si souvent envahies. Les grandes compagnies continuaient à infester la province, et, d'un autre côté, les Allemands la surprenaient au nord pour venger les querelles de l'abbé de Lure. Cherlieu s'alarma de tant de désordres. Jean III qui, après quatre ans d'interrègne, venait de recevoir la crosse (1369), mit aussitôt son abbaye sous la protection de Marguerite.

Il obtint de cette dame la permission de se retirer

(1) Inventaire de Bourgogne, II.

à Jussey, lui, ses religieux et ses hommes de Montigny, quand les circonstances l'y obligeraient (1370, Juill.) (1). En 1374, Marguerite voulut revoir ses états. Théâtre de tant de malheurs depuis plus de quarante ans, ils offraient l'image d'une solitude désolée par tous les fléaux. Malgré leur épuisement, les villes, les abbayes, les prieurés ne firent pas difficulté d'accorder à la Comtesse une aide de joyeux avènement. Cherlieu y contribua volontiers (2). Quelques maux que la guerre lui eût causés, il était toujours le plus riche monastère de la province. D'autres ont été ruinés par des calamités publiques ; plus heureuse à les prévenir ou à les éviter du moins en partie, notre abbaye devait voir sa splendeur et ses richesses s'abîmer un jour sous les coups d'une vengeance personnelle. Avant les évènements de 1569, elle n'apparaît point parmi les victimes les plus maltraitées dans nos désastres. On l'oublia depuis à cause de l'état pitoyable où elle fut tout à coup réduite, sans pouvoir désormais en sortir. Ces deux phases sont stériles pour l'histoire, l'une par le caractère d'inaction qu'elle présente, l'autre par l'effet toujours durable du malheur qui l'ouvrit. La révolution française, en frappant ce cloître aux magnifiques dehors, n'abattit plus qu'un sépulcre blanchi : car la vie intellectuelle et morale s'était depuis longtemps retirée de Cherlieu.

(1) M. Ed. Clerc, II, 130 et suiv.
(2) Invent. de Cherlieu, cote 73.

CHAPITRE IV.

De quelques abbés de Cherlieu dans le XVᵉ siècle. — Guerre des Anglais. — Règne de Charles-le-Téméraire. — Le monastère tombe en
commende. — Réforme protestante. — Guerre des religionnaires
français. Les Allemands viennent à leur secours. — Désastre de l'abbaye. — Son état dans le XVIIᵉ siècle. — Reconstruction des cloîtres
en 1701 et en 1773. — Révolution française. Démolition de l'église.
— Lettre de M. le comte de Montalembert.

Guy V de Pierrefitte (1393 — 1396), Jean IV de
Vaux (1396 — 1400) et Jean V d'Aynans, de la famille
des nobles d'Orsans (1400 — 1410), n'ont laissé qu'un
petit nombre d'actes d'administration. Je cite les plus
remarquables. En 1394, Guy de Pierrefitte obtint de Jean
sire de Ray, qui avait été gardien de Bourgogne, une
réparation éclatante de ses injustices. Les terres de l'abbaye à Gourgeon et à Cornot, victimes des déprédations
de ce seigneur, demeuraient encore sans culture et sans
habitants. Une somme de 30 florins ne parut pas trop
forte à Jean de Ray pour expier sa faute. Il fit à ses héritiers un devoir de la remettre entre les mains de l'abbé (1).
En 1396, son monastère contribua aux frais de l'expédition de Hongrie, entreprise par le comte de Nevers,
et après sa funeste issue, Cherlieu dut fournir un nouveau subside pour la rançon de ce jeune prince, tombé
dans les mains des Turcs à la journée de Nicopolis (2).

(1 et 2) Notes de M. Duvernoy.

Une enquête de 1398 sur les *villes* dépendantes de la prévôté de Coiffy, bailliage de Chaumont, nomme parmi elles Vauconcourt « qui est à messire Jean de Vergy, à » messire Philippe de Montjustin, chevaliers et ès sei- » gneurs (religieux) de Charlieu (1). » Didier de Cicon, chevalier, traita, en 1401, avec l'abbaye, au sujet de la succession de Liébaud de la Grange, écuyer (2) : c'est le seul trait qui nous reste du gouvernement de Jean d'Aynans.

Laurent, qui lui succéda, prit une part active aux affaires générales de l'ordre. Lorsque le clergé de France assemblé à Paris, eut décidé d'envoyer au concile de Pise un certain nombre de députés, Cîteaux s'assembla en chapitre pour statuer sur leur choix et sur les frais de leur voyage. L'abbé de Cherlieu fut appelé à régler ce dernier article et à répartir les charges entre toutes les communautés. La contribution totale s'éleva à trois mille livres parisis (3). C'est sous le titre de procureur général de l'ordre que Laurent exerçait ses fonctions. On ne les lui avait conférées que pour trois ans (1412) ; mais il fut réélu en 1416, et envoyé au concile de Constance, avec les abbés de Clairvaux, de Morimond et plusieurs autres (4). A la sagesse d'un administrateur, notre prélat joignait, par un privilége alors bien rare dans Cîteaux, la science et le titre de docteur en théologie. Ses lumières furent appréciées dans l'assemblée capitulaire de 1421. On lui confia le soin de réformer et

(1) Hist. de Vergy, II, 309.
(2) Guillaume, sires de Salins, t. I.
(3) Thes. anecd. IV, 1552.
(4) Id. IV, 1563.

de réparer le collége dit de Saint-Bernard à Paris. Les abbés de Cîteaux et de Clairvaux devaient travailler de concert avec lui, et les pouvoirs les plus étendus leur furent conférés pour l'accomplissement de cette œuvre difficile (1).

Les affaires de France n'étaient pas moins bouleversées que celles de l'Eglise. L'invasion des Anglais, la démence de Charles VI, l'assassinat de Jean-sans-Peur, duc de Bourgogne (1419), sont les événements les plus importants de l'époque. Le dernier était de nature à entretenir de longues inimitiés entre Charles VII et Philippe-le-Bon. Une trève conclue en 1425, entre les deux partis, permit au Duc de renforcer ses garnisons, d'approvisionner ses places et de lever des impôts. Cent mille francs furent jugés nécessaires aux besoins de la situation : on les répartit entre les abbayes, les prieurés et les villes, d'après des lettres-patentes que Philippe-le-Bon leur adressa (2). Cherlieu fut imposé proportionnellement à ses richesses.

Le traité d'Arras (sept. 1435) semblait devoir mettre fin aux malheurs publics ; mais l'avenir ne répondit point aux espérances qu'on avait conçues. Une peste nouvelle, l'invasion des *Ecorcheurs* renouvela tous les désordres des derniers temps. Jussey fut maltraité, Cherlieu envahi, et Etienne, abbé du monastère, tomba au pouvoir de ces bandes furieuses (3). Remis en liberté quelques

_____

(1) Thes. anecd. IV, 1566.

(2) Inv. de S. Paul, honorif. 123.

(3) **Hugues** Dutemps, Clergé de France. — C'est à tort sans doute que cet événement est rapporté sous la date de 1430 : il est plus probable qu'il appartient à l'époque de l'invasion des Ecorcheurs (1437 à 1439).

mois après, moyennant une forte rançon, il mourut vraisemblablement l'année même de sa captivité (1439).
Jacques de Montigny ne fut guère moins malheureux
(1443—1456). On se figure aisément ses propres in-
quiétudes, les pertes de son monastère, les injures dont
sa communauté fut accablée, lorsqu'on lit quelques détails sur l'expédition des Armagnacs en Franche-Comté,
dans le Montbéliard et dans la haute Alsace, sous les
ordres du dauphin Louis (1444). Thiébaud IX, sire de
Neufchâtel et maréchal de Bourgogne, écrivait alors à la
duchesse : » Ils sont passés devers Jonvelle, au nombre
» de 700, lesquels ont esté logés deux jours à Bourbonne
» et illec environ, et sont logés à Percey-le-Grand, et y
» ont pris tout ce qu'ils ont pu prendre et emporter, et
» avec ce ont bruslé maisons et emmené prisonniers. »
« Tous les Routiers qui étaient en Allemaigne (écrivait-
» il encore à cette princesse le 9 avril), sont de présent
» logiés en votre conté de Bourgongne et terre de Jus-
» sey et y font beaucoup de maux (1). »
Pendant le 15e siècle, l'image de la mort s'offre sous
plusieurs aspects divers dans l'histoire de Cherlieu ; tantôt armée du fer des Ecorcheurs, tantôt au milieu des
pompes du cloître, horrible et grave tour-à-tour, sans
pouvoir faire refleurir dans l'abbaye la discipline et les
bonnes mœurs. C'est surtout l'antique maison de Chauvirey qui fournit alors de nouveaux hôtes aux sombres ca-
veaux du monastère. Deux de ses membres y reposaient
depuis la fin du 13e siècle : Gérard, fils de Philippe, qui
répara avant de mourir, par d'abondantes aumônes, les

(1) M. Ed. Clerc, t. II, 466.

ennuis dont il avait abreuvé les religieux, comme l'indique son épitaphe :

> Hic jacet Girardus miles, de Chauvirey Dominus.
> Æternis divitiis plenus probitate quievit.
> Quos vivens sprevit, moriens sibi conciliavit,
> Pacem dilexit. Pax sit æterna sibi (1).

Et Marguerite d'Oiselay, sa mère, sur le tombeau de
laquelle on lisait l'inscription suivante :

> Cy gist Madame Marguerite, fille de Monseigneur
> D'Oyselaye, dame de Chauvirey et de Soilley, qui
> Trépassa l'an M. CC. XC (2).

La seigneurie de Chauvirey était alors de la mouvance
du château de Bracon et dépendait des sires de Salins.
Des actes de reprise de 1290, 1299, 1374, 1385, justi-
fient notre assertion. Mais dans le 15e siècle cette terre
importante cessa de relever directement de Bracon. On
en a la preuve dans un titre de 1442, par lequel Gérard
de Haraucourt reprend Chauvirey et toutes ses dépendances des abbé et couvent de Cherlieu (3). M. Duvernoy
rapporte ce changement momentané au règne de Jean-
sans-Peur ou de Philippe-le-Bon qui, dans un besoin
pressant d'argent, aurait engagé cette suzeraineté entre
les mains des moines. Les relations des sires de Chauvirey avec les religieux devinrent par là plus fréquentes
et plus intimes : une association de secours s'établit

(1) Voyag. de deux Bénéd., p. 140.
(2) Id.
(3) Chambre des comptes, C. 240.

entre eux ; ils se promirent réciproquement l'ouverture de leurs maisons, et l'abbé fit élever à quelques pas du château une tour crénelée qui prit le nom de Tour de Cherlieu (1).

Voici quelques traits qui appartiennent dans le même siècle à l'histoire des deux maisons. En 1430, Marguerite de Chauvirey, dame de Bussières et d'Aigremont, femme de Jean de Choiseul, donne au monastère son four de Preigney avec deux mainmortables, deux meix et une livre de cire. On lisait encore avant la révolution française les épitaphes de deux dames de Chauvirey, décédées dans le 15ᵉ siècle :

> Cy gist Damoiselle de Chauvirey, Dame du Chatel-dessous
> Dudit lieu, veuve de feu Guillaume de Chaufour, écuyer,
> Seigneur de Marault (2), qui décéda le 16 juin M CCCC XXXIII.

La seconde est ainsi conçue :

> Cy gist Dame Marguerite de Neufchateau, femme de
> Claude de Chauvirey, seigneur du chatel d'amont,
> Qui trépassa le XXVIII septemb. l'an M CCCC XXVIII (3).

Nous avons vu, au commencement de ce chapitre, Didier de Cicon transiger en 1401 avec Jean V d'Aynans,

---

(1) On voit encore au milieu du parc de M. de Lisa, propriétaire actuel de Chauvirey, les dernières traces de cette tour. Elle n'a été démolie entièrement que depuis 1789.

(2) Guillaume de Chauffour, écuyer d'écurie des ducs Philippe-le-Hardi et Jean-sans-Peur, fut successivement châtelain de Montjustin et de Vesoul jusqu'en 1415, époque de sa mort. Son fils, Henri, le remplaça jusqu'en 1418, qu'il fut commis à la garde des forteresses de Belfort et de Rougemont dans la Haute-Alsace. Il était en même temps échanson du duc. (Note de M. Duvernoy.)

(3) Voyage de deux Bénéd.—Le château de Chauvirey, situé à 6 kilomètres de Cherlieu, mérite à divers titres l'intérêt de l'histoire. J'y ai remarqué une vaste salle d'armes de construction antérieure à l'archi-

abbé de Cherlieu. Il ordonna en 1458 la fondation d'une chapelle dans le monastère, selon l'intention de son épouse, mourut cinq jours après et fut inhumé au chapitre sous une tombe plate qui le représentait en habit de guerre.

> Cy gyest Mess. Didier de Cicon, seigneur de Gevigney
> Et de Demoingevelle, qui trépassa le XXV jour
> De janvier l'an Mil. CCCC L VIII.

C'était l'un des plus vaillants chevaliers de son temps. Sa femme, placée sous le même tombeau, était désignée par ces mots à l'attention des voyageurs (1).

> Cy gyest noble Dame, Dame Béatrix de Vilersesels,
> Femme dudit seigneur : elle trépassa le XXV jour de
> Juillet l'an mil CCCC L IIII. Dieu ait leurs ames. Amen.

tecture gothique; mais surtout une chapelle d'une date plus récente et d'un goût exquis. Ce dernier morceau est assurément ce que nous possédons en Franche-Comté de plus riche et de mieux conservé en fait de monuments du moyen-âge. Il forme une abside éclairée par cinq fenêtres, dont deux sont, pour ainsi dire, à demi voilées par un rideau d'arcatures découpées avec un art très délicat. La voûte offre dce arceaux ramifiés et entrecroisés en plusieurs sens, qui portent à leurs points d'intersection des armoiries à demi effacées. Au dessous de la fenêtre du milieu s'étend un bas-relief qui représente la chasse de saint Hubert. Il est divisé en plusieurs compartiments; on lit sur l'un d'eux : *Hubert Chappuis pbter.* Si l'on en croit la tradition et le propriétaire, cette chapelle possède le véritable cornet du patron des chasseurs. M. de Lisa raconte qu'il tomba en 1636 au pouvoir des Annonciades de Gray, mais qu'un arrêt du parlement de Dole obligea ces religieuses de le rendre à la maison de Montessus qui jouissait alors du château de Chauvirey. Il pense, d'après un titre de 1320, que la chapelle remonte au-delà de ce temps. Mais dans ce cas ce n'est point celle que nous venons de décrire, dont le caractère architectural indique plutôt qu'elle appartient au XVe siècle.

(1) Guillaume, Sires de Salins, I, 142—143.

Jean de Cicon, l'un de leurs fils, descendit sous les mêmes demeures en 1454. Un autre fils, Guillaume, épousa Catherine d'Haraucourt, veuve de Jean bâtard de Vergy, dont l'épitaphe décora aussi le pavé de Cherlieu, tandis que ses cendres furent emportées à Demangevelle (1).

Jacques de Montigny fut témoin en 1452 (15 sept.) d'une donation faite à Theuley, par ce bâtard de Vergy, seigneur de Richecour et de Belmont sur Vingeanne (2). L'abbé de La Charité était aussi présent au contrat. Celui de Cherlieu mourut en 1456. La paix des dernières années de son administration se prolongea sous Gilles de la Cour, son successeur, jusqu'à l'avènement de Charles-le-Téméraire. On n'ignore pas combien le règne de ce prince fut désastreux pour la Bourgogne. Les Français, les Allemands et les Suisses la tourmentaient tour à tour, surtout de 1474 à 1476. D. Grappin a fait le récit des malheurs de Faverney (3); Gollut ne dit qu'un mot de ceux de Cherlieu, mais il suffit pour en faire sentir l'horreur. Cet écrivain représente les Français devenus maîtres de Jonvelle, de Jussey, de Champlitte,

(1) On lisait à Cherlieu: « Cy gist haute et puissante Dame. Dame Katherine de Haraucourt, à son vivant femme de haut et puissant seigneur Mess. Guillaume de Cicon, chevalier, Dame de Cicon, Demoingevelle, Belmont, Cusev, Richecour, qui trépassa l'an M....... » Mais Duchesne (Hist. de Vergy), rapporte une autre épitaphe qu'il dit avoir vue à Demangevelle et qui assigne la date de la mort de Catherine au 20 novembre 1489. Evidemment la première inscription n'indique qu'un projet de sépulture qui ne reçut pas son exécution. La Dame de Cicon changea son sentiment et se fit enterrer à Demangevelle.

(2) Hist. de Vergy, II, 303. Il était fils de Jean de Vergy, seigneur de Fouvent et de Champlitte, maréchal de Bourgogne.

(3) Mémoire sur Faverney, 69—71.

de Gevigney, de Buffignécourt et de Saint-Remy, « tuant,
» pillant, brûlant tout ce qu'ils y rencontrèrent ; l'ab-
» baie, l'abbé et les religieux de Cherlieu passèrent par
» leurs mains, cognurent et expérimentèrent leur avarice
et cruauté (1). » (Mai 1475.)

Gilles de la Cour n'a pas encore épuisé le calice d'a-
mertume. A peine délivré des Français, il tombe au
pouvoir des Allemands et demeure leur prisonnier (1476).
Cependant les religieux paient pour lui une forte rançon,
il revoit le cloître sans pouvoir en jouir et meurt bientôt
après. Charles-le-Téméraire avait alors pour ambassadeur et pour médecin un intrigant qui eût volontiers
ajouté à ses titres divers la qualité d'abbé de Cherlieu.
Matthieu des Clers obtint facilement de son maître d'être
présenté en cour de Rome pour remplir le bénéfice va-
cant (2); mais soit qu'on eût résisté à ses sollicitations ,
soit que la mort du Duc en eût empêché l'effet, Jean de
Cléron, chanoine à Besançon, fut pourvu de l'abbaye (3)
et la refusa : on mit à sa place Drouhot Henrion, appelé
par divers titres Drocon ou Rocon (4). Ce prélat mourut
en 1497 et eut pour successeur Remy de Brassey , dit
Morelot, dernier abbé régulier.

Au commencement du 16e siècle l'abus de la com-

---

(1) Gollut, col. 1290. On lit dans une *Déclaration faite aux commis du bailliage d'Amont* en 1477 : « L'abbaye de Cherlieu peut valoir
» environ 100 livres , attendu que l'abbaye et les villages sont bruslez
» et gastez ; et en temps de paix elle vaut 300 livres et plus. Et aussy a
» payé l'abbé 1200 livres de rançon. » (*Archives du Doubs.*)

(2) Manuscr. de Rosières. cité par Dunand,

(3) Recueil de Saint-Vincent de Besançon cité par le même.

(4) Archiv. de l'offic. de Besançon citées par le même.

mende, l'un des signes carastéristiques de la décadence
dans les monastères, s'introduisit à Cherlieu. Charles de
Brassey ouvrit cette ère nouvelle, avant 1510 selon le P.
Dunand, selon d'autres en 1518 (1). En 1522, Claude
de Nicey le remplaçait déjà ; il était docteur en théologie.
Paul III, pour rendre hommage à sa science, lui expédia
un bref qui lui conférait le pouvoir de relever de toute
censure ecclésiastique, avec le droit, tant pour lui que
pour ses successeurs, d'officier solennellement avec les
ornements pontificaux (1538) (2). Il vécut jusqu'en 1546 :
c'était le temps où la réforme religieuse s'acclimatant,
dans le comté de Montbéliard, cherchait par toutes les
ressources de la ruse, du zèle et de l'audace à s'étendre
au sein de la haute Bourgogne. L'archevêque Antoine de
Vergy fit un appel à son diocèse pour réprimer des progrès
si alarmants. Des secours pécuniaires n'étaient pas moins
nécessaires que la doctrine et la vertu. Cîteaux ne pouvait plus ouvrir au prélat le trésor de la science : il ne
voulut pas lui refuser complètement une contribution en
argent : mais elle fut si faible qu'elle ne dût servir qu'à
témoigner un jour de l'odieuse avarice et de l'esprit étroit
dont les Bernardins étaient alors possédés. Une peine
profonde s'empare d'un cœur catholique, lorsqu'on se re-
porte à ce chapitre, tenu le 26 septembre 1524, dans lequel l'ordre tout entier a déclaré que, sans entendre préjudicier à ses priviléges, il accorde simplement et à titre
d'aumône, une somme de 68 liv. répartie entre les monastères du comté de Bourgogne. Les abbés d'Accy, de

(1) Hugues Dutemps, Clergé de France.
(2) Cartulaire de Cherlieu.

Bellevaux, de Billon et de Rosières furent désignés pour taxer chaque maison proportionnellement à ses revenus. Cherlieu, Sainte-Marie, Balerne et La Charité donnèrent chacun 6 liv. : Bithaine 4 liv., la Grâce-Dieu 3 liv., les autres 5 liv.

Ne nous étonnons pas de l'enquête ordonnée en 1538 sur les désordres qui régnaient dans Cherlieu. La perte des mœurs suit l'affaiblissement de la foi. Une maison insensible aux douleurs de l'Eglise devait s'aveugler à son tour sur ses propres infortunes. Je ne sais s'il fut donné aux abbés de Bellevaux et de Bithaine, chargés de l'information, d'apporter quelque remède à des maux qui avaient excité même la vigilance d'un ordre déchu. Claude de la Baume, archevêque de Besançon depuis 1543, devint en même temps coadjuteur de Cherlieu. A peine âgé de dix ans, il n'était pas propre à réformer les religieux aussi bien qu'à gouverner son vaste diocèse. Mais François Bonvalot, abbé de Saint-Vincent et de Luxeuil eut l'administration de ce siége, et Nicolas Guerin, prieur de Cherlieu, celle du monastère. Ce dernier ne manquait ni de science ni de sainteté; il eût été fort utile au cloître, si dans un intérêt plus pressant encore, on ne l'eût associé, sous le titre d'évêque d'Alessio, aux affaires de l'église de Besançon (1561). Il succédait à François Richardot, évêque de Nicopolis, qui venait de monter sur le siége d'Arras (1) ; son bâton pastoral ne put défendre l'abbaye contre le plus farouche ennemi qu'elle eût jamais vu. Entrons dans quelques détails.

(1) Dunod, Hist. de l'Eglise, II, p. 199.

Les protestants français soulevés contre Charles IX avaient appelé à leur secours leurs frères d'Allemagne. Guillaume de Nassau, prince d'Orange, pour répondre au vœu du prince de Condé et de l'amiral de Coligny, envahit nos frontières au mois de février 1569, avec une armée de 12 à 15,000 hommes aussi avides de pillage qu'habiles à manier le fer. Il comptait dans son avant-garde plusieurs gentilhommes de Bourgogne, Savigny, seigneur de Saint-Remy, Nicolas de Citel, Simon d'Eternoz, François de Vienne, dit le chevalier de Chevraux, Claude-Antoine de Vienne, baron de Clervant les sieurs de Vantoux et de Vellefin, sujets rebelles de la maison d'Espagne, et partageait lui-même les fatigues du commandement avec Wolfgang, duc des Deux-Ponts. Luxeuil et Faverney réduits en cendres, les religieux fuyant en Lorraine, les bords de la Saône et les riches plaines du bailliage d'Amont désolées par le pillage auraient satisfait la fureur d'un ennemi ordinaire : mais le sire de Saint-Remy criait encore vengeance contre Claude de la Baume, archevêque de Besançon, et abbé de Cherlieu. Il avait inutilement sollicité de ce prélat les dispenses nécessaires pour épouser la marquise de Renel sa cousine germaine. L'occasion lui parut propre à faire éclater son courroux : il en profita avec toute la rage qu'un ressentiment particulier peut ajouter aux fureurs de la guerre. Le 6 avril, le duc Wolfgang arrive devant Jussey où il établit son quartier-général. Saint-Remy est à sa suite. Bientôt Cherlieu voit à ses portes ce cruel soldat. Il a quitté le glaive pour la torche incendiaire, et sa main aussi insensée que barbare porte, dirige, à travers le cloître, la flamme qui servait sa rage. Content de cet exploit si indigne de l'honneur d'un chevalier, il veut jouir lui-même des fruits de la victoire, et tant que dure le spectacle de l'incendie, il en demeure le témoin, comme s'il en était le héros. Titres précieux, magnifiques ornements, trésors accumulés, tout fut englouti. La cendre même des morts ne demeura point à l'abri de la profanation ; on dispersa les pierres des tombeaux, et une partie des ossements qu'ils contenaient fut abandonnée aux vents. Mais, de tous les monuments qui décoraient l'église, le moins respecté fut celui d'Othon IV. Plus Cherlieu était fier de cette vaine dépouille, plus l'ennemi, par une autre vanité, mit d'acharnement à la détruire (1).

Ce tableau n'a rien d'exagéré : on en a pour preuve une lettre du conseiller Belin au cardinal de Granvelle ; elle est du 3 avril 1569 : « Il y a plus de trois semaines » que les avant-coureurs du duc des Deux-Ponts et lui-» même avec son armée de 8000 chevaux et 3000 Gas-» cons à pied et leur suite de bagage sont entrés au » comté de Bourgogne ; lesquels trouvant l'empesche-» ment des Français, se sont campés en l'abbaye de Cher-» lieu près Jussey, jouissant de trente villages, où ils ra-» massent des vivres, comme s'ils avaient volonté d'y sé-» journer longuement. Si oncques ennemis furent violents » et sanguinaires, ceux-ci le sont sans merci, cette guerre » étant tyrannique et les chefs non obéis. Les bailliages » d'Amont et de Luxeuil sont perdus pour longtemps ; on » est aux extrêmes, sans force et sans argent (2). »

(1) Les débris du tombeau d'Othon IV furent réunis après le désastre de 1569, et on essaya de les restaurer. Mutilés de nouveau après la révolution, ils servent maintenant de pierres tumulaires à Morey.

(2) Mém. de Granv. cités par D. Grappin.

Pendant que le sire de Saint-Remy, établi à Cherlieu
sur les ruines encore fumantes de l'abbaye, donnait un
libre cours à sa vengeance et semblait vouloir la perpétuer en fixant son séjour dans ces lieux, Wolfgang, à la
tête d'une troupe indisciplinée, poursuivait sur d'autres
points son œuvre de destruction. L'alarme était générale,
et plus l'ennemi gagnait de terrain, plus ses excès justi-
fiaient les terreurs publiques. Le 14 avril, il prenait quartier à Fleurey, le 23 à Membrey, plus tard il revenait à
Jussey et à Cherlieu. Semmadon et son église devaient
subir le même sort que les villages voisins, mais ses
habitants surent repousser l'ennemi, et firent même
quelques prisonniers. Cependant Wolfgang ne s'éloigna
point : il attendait, pour attaquer l'armée du roi de
France venue à sa rencontre, un renfort que le colonel
J.-J. de Granvillers devait lui amener. Mais les bons offices des Suisses et l'arrivée des barons de Beauvoir et
de Montfort à la tête de 10,000 hommes, changèrent
ses projets. Pressé de toutes parts et manquant de vivres,
il fit sommer les habitants de Gray de lui donner 10,000
écus en dédommagement de la perte qu'il avait essuyée
à Semmadon. Malgré ses menaces, on lui refusa l'entrée de la ville, et Besançon s'opposa de même à son
passage. Alors, quittant la province en toute hâte, il entra en France par le duché de Bourgogne, et alla mourir à la Charité-sur-Loire d'une fièvre ardente causée,
dit-on, par les excès du vin.

A la fin du mois de mai 1569, Cherlieu était délivré
de ces brigands. Son cloître n'existait plus, ses champs
étaient dévastés, ses fermiers réduits à l'aumône. L'é-
glise seule restait debout : mais les traces de feu qui sil-

lonnent encore ses derniers restes attestent jusqu'à aujourd'hui le fléau qui l'a ravagé. Ainsi quand la foudre frappe un chêne sans l'abattre, on trouve plus tard jusque dans les ruines de cet arbre le sillon noirci qu'elle avait creusé sur son passage.

Il est à croire que Cherlieu demeura longtemps sans habitants et que le couvent ne se repeupla qu'avec beaucoup de difficultés (1). En 1598 il n'y avait encore que sept religieux, depuis le nombre en fut porté à douze, puis restreint à huit. Claude de la Baume, décédé en 1584, eût pour successeur sur le siége de Cherlieu Prosper, son neveu, chanoine et haut doyen de l'église métropolitaine, abbé du Miroir, de Faverney, de Montbenoît et de Saint-Paul de Besançon (2). Il s'occupa avec ses religieux d'un projet de régie pour les revenus de la maison (1598) (3). La mort l'empêcha de l'exécuter. Ferdinand de Rye, archevêque de Besançon, profita de cet événement pour rattacher à son siége un monastère aussi important. Nommé, par lettres des archiducs, le 24 sep-

---

(1) Nous devons aussi déplorer le sort de Cherlieu pendant l'invasion du lorrain Tremblecourt au mois de février 1595. Jonvelle, Jussey, Port-sur-Saône, Gy, Marnay, Luxeuil, furent successivement occupés par ses soldats qui ravagèrent tout le plat pays. « On ne leur fit tête nulle part, » et, comme on n'avoit aucun secours, chascun perdit tête. Il avait » fait butin de plus de 200,000, voire même 300,000 escus. » (*Chron. contempor.*)

(2) Prosper, fils de François, comte de la Baume-Montrevel, tenait le titre d'abbé de Saint-Paul de l'évêque de Lausanne, Antoine de Gorrevod. Celui-ci, en le choisissant pour coadjuteur, lui avait abandonné une partie des revenus de l'abbaye. Prosper cessa de vivre le 7 juin 1599 et fut enterré à Saint-Etienne de Besançon.

(3) Invent. de Saint-Paul, titres étrangers, cote, 145.

tembre 1599, il reçut ses bulles le 5 des calendes de juin 1605 et jouit de ce bénéfice jusqu'en 1636. C'est par lui que les moines recouvrèrent, sinon la splendeur de leur premier état, du moins la plupart de leurs titres et de leurs biens. Son gouvernement fut aussi remarquable par sa tranquillité que par sa durée. Mais l'invasion des Français et des Suédois le vit finir de la manière la plus douloureuse.

Il ne nous reste aucun détail sur la part de calamités que Cherlieu peut revendiquer dans celles de 1636 et des années suivantes. Girardot de Beauchemin signale seulement deux fois le passage des troupes suédoises dans les environs de l'abbaye. D'abord en 1637, lorsque le duc de Weimar fit son entrée au Comté par le pays de Bassigny, ensuite en 1641, quand du Hallier, l'un des généraux de Louis XIII, s'empara de Scey et de Jonvelle. Les courses des soldats n'épargnèrent point Cherlieu ; on ne peut en douter d'après la tradition de Montigny, le village le plus voisin du monastère. Les habitants de ce lieu racontent encore que leurs demeures ont été détruites par les *Suèdes*, et que deux maisons seulement échappées à l'incendie, sont devenues, après le départ de l'ennemi, le noyau d'un nouveau village. Les religieux contribuèrent vraisemblablement à la réparation de ses pertes : l'intérêt de leur église y était engagé, puisque Montigny relevait de leur juridiction (1). Quoi qu'il en soit, ils firent un emprunt de mille francs au monastère du Mont-Sainte-Marie qui se constitua par là une rente de 60 liv. (2).

(1) On voit encore aujourd'hui, dans les anciennes forêts de l'abbaye, la limite des bois destinés à ces sortes de subventions.

(2) Invent. du Mont-Sainte-Marie, cote 831, liasse 44.

François de Rye, neveu de Ferdinand et son coadjuteur tant sur le siége de Besançon que sur celui de Cherlieu, lui succéda dans ses dignités et ne les porta que
quelques mois. A sa mort (7 janvier 1637), Pierre de
Cléron fut pourvu de l'abbaye. Sa prise de possession
date du 1er mars 1639 (1). La guerre l'avait retardée,
la guerre la rendit presque inutile, tant ce fléau se prolongea dans le comté de Bourgogne. Mais après sa dispa-
rition, Pierre devint l'un des membres les plus assidus
de nos états provinciaux, et les récès des années 1654,
1656, 1658 et 1662, contiennent des preuves multipliées
de son zèle et de son dévouement patriotiques. Il avait
choisi pour coadjuteur Jean-Ignace de Broissia, grand
chantre de la métropole, et lui laissa la crosse en 1666.
Huit religieux étaient rentrés, depuis la guerre, sous les
voûtes du cloître : ils présentèrent à leur nouvel abbé un
état du mobilier et des dépendances de la maison. On n'y
voit figurer ni vases d'or, ni tableaux de prix, ni riches
ornements : la bibliothèque se compose d'antiphonaires,
de graduels, de psautiers « et, ajoute l'inventaire, de
» cinque (sic) ou six vieux livres qui sont sans commen-
» cement ni fin et tout brisés et rompus. » De toutes les
antiquités il ne reste « qu'un pied de croix de cuivre
» doré, embelli de cristaux et de pierres rouges, sur le-
» quel on voit les armes du comte et duc de Bourgogne,
» celles de France et de l'abbaye. Item dans le clocher

---

(1) IVe vol. des act. import. du parlement cité par le P. Dunand.
Pierre de Cléron, aussi distingué par sa science que par sa naissance,
était abbé de Theuley en 1626. Plus tard, il quitta cette abbaye par suite
des désastres de la guerre pour venir chercher une retraite moins agitée
dans le cloître de Cherlieu (Cartul. de l'abbaye de Theuley.)

» deux cloches, dont l'une est une grosse et sur laquelle
» il y a pour miliaire 1585, Jean de Lassault en ayant
» esté parrain; et l'autre a pour milliaire 1586, et pour
» parrain un greffier de Cherlieu (1). »

M. de Broissia aurait bien mérité de Cherlieu en em-
ployant à la reconstruction de l'abbaye les revenus qu'il
en tirait : mais gentilhomme plutôt que père d'un monastère, il n'usa guère que pour son profit pendant
trente ans des richesses de l'Eglise. Sa mort laissait encore ses religieux sans cloître et le sanctuaire sans déco-
ration. Ce fut la matière d'un procès entre le couvent
et M. de Blitterswyck de Moncley, archevêque de Besançon, qui succéda en 1694 à Jean-Ignace de Broissia.
Quatre arrêts furent rendus contre D. François Labbé,
prieur du monastère, par le parlement de Franche-
Comté. Un pourvoi aux conseils du Roi ayant été tenté
sans succès, les moines en vinrent à une transaction.
Ils se chargèrent, moyennant 2300 livres, monnaie de
France, de subvenir aux nécessités urgentes du culte (2),
et le prélat satisfait de cet accord, pensa à rebâtir un
cloître sinon aussi étendu que l'ancien, capable du moins
de loger douze religieux. Cette construction, d'une architecture simple et solide, comprenait le quartier abbatial,
les cellules des religieux avec un réfectoire commun, un
escalier élégant, des fenêtres larges et élevées; enfin une
heureuse distribution qui attestait le bon goût de l'architecte, bien plus que la piété des habitants. J'ai cherché
en vain parmi les décorations des boiseries, quelque

(1) Pièces justif. , N. XIV.
(2) Pièces justif. , N. XV.

signe religieux : on n'y voit que des divinités païennes et les attributs de leur pouvoir chimérique.

Les noms des quatre derniers abbés sont, dans le 18e siècle, presque toute l'histoire de Cherlieu. Jean-Louis de Berton de Crillon, archevêque de Narbonne (1734—1751), Playcart de Raygecourt jusqu'en 1738, depuis évêque d'Aire, Mathieu Poncet de la Rivière, ancien évêque de Troyes, de 1758 à 1780, et messire Mathieu-Jacques de Vermont (1780—1790), se succédèrent au même titre, mais non avec les mêmes droits à la reconnaissance de l'abbaye. Poncet de la Rivière aimait son couvent, il le visitait, y faisait de longs séjours, et l'enrichissait de ses dons. La fin de son administration fut marquée par une somptueuse entreprise. En 1773, la communauté commença une sorte de palais monastique sur un plan approuvé par le prélat et signé de M. Marisy, grand-maître des eaux et forêts de la province. Pour en asseoir les fondements, on fit disparaître douze arcades ruinées de l'ancien cloître et le quartier des novices désormais inutile. Le nouvel édifice n'avait rien de cette sévérité qui caractérisait jusqu'alors les établissements religieux. Construit en forme de croix grecque, il présentait à ses angles des pans coupés, et au milieu un cirque qui devait servir de préau. Un péristyle d'ordre corinthien régnait autour, et formait le nouveau cloître. Ces bâtiments somptueux se continuèrent sous M. de Vermont, dernier abbé de Cherlieu et lecteur de la reine Marie-Antoinette. Cet homme, qui n'avait aucun caractère ecclésiastique, ne devait l'abbaye qu'à la protection de sa souveraine et ne la posséda que pour son intérêt particulier. On évalue à 40,000 liv. les revenus qu'il percevait de son bénéfice, et à 30,000 liv. la part qui restait aux religieux. Malgré cette distinction entre la manse abbatiale et la manse conventuelle, la communauté était encore la plus riche de la province. On vantait les mœurs de quelques-uns de ses membres ; mais d'autres, entrés dans la vie religieuse sans vocation, ou corrompus par une oisive opulence , menaient une vie indigne de leur caractère.

Au reste, la piété monastique était complètement oubliée. Des offices, abrégés par la négligence, la célébration du saint sacrifice devenue plus rare, les visites fréquentes de gens du monde, le luxe des tables et des équipages avaient décrédité l'abbaye dans l'esprit public. Il paraît aussi qu'elle n'était pas demeurée étrangère aux erreurs du jansénisme. Les docteurs de la secte formaient une partie de la bibliothèque achetée dans les derniers temps, et l'on a trouvé parmi le mobilier des appartements claustraux , des images du Christ et de la Vierge, telles que les jansénistes les avaient imaginées et répandues.

Au commencement de 1789 , les constructions somptueuses entreprises par les religieux n'étaient point encore terminées. On assure qu'un voyageur, passant alors à Cherlieu, s'arrêta quelque temps pour les considérer, et qu'en se retirant il dit au fermier du monastère : « Vous » voyez ces bâtiments élevés à si grands frais, l'année pro- » chaine il n'en restera pas pierre sur pierre. » Une prédiction si étrange se répandit dans le pays, et on était dans l'attente de quelque grand sinistre, lorsque la révolution française éclata. Ce fut l'accomplissement trop certain des paroles de l'inconnu ! — Les trente villages qui dé-

pendaient de Cherlieu, ébranlés par le mouvement in-
surrectionnel du mois de juillet 1789, vinrent successivement sommer le prieur de leur livrer les titres des
redevances seigneuriales. Les habitants de Saponcourt-
les-Loges avaient donné l'exemple; ceux de la Mance
et de Montigny le suivirent, et la garnison de Vesoul,
appelée à rétablir l'ordre, acheva de porter le trouble
parmi les religieux. A l'aspect des armes mêlées aux
faux des paysans, un moine se jeta au pied du com-
mandant en le conjurant de protéger la paix de ses derniers jours. Ce fut Dieu qui accueillit sa prière; le vieil-
lard ne se releva plus. A Montigny, des scènes non moins
odieuses se passèrent entre les habitants et leurs anciens
maîtres. Ce village, qui avait toujours porté impatiem-
ment le joug de l'abbaye, se vengea de sa servitude
avec une barbarie digne de l'époque. Les conventuels
furent amenés sur la place, les mains liées et la corde
au cou. Ils s'y agenouillèrent sous les glaives suspendus,
signèrent dans cette posture humiliante une renonciation générale à tous leurs droits, et virent une partie de
leurs archives devenir la proie des flammes. Une fuite
précipitée suivit cette cruelle épreuve, et la vente de l'abbaye commença au nom de la nation (1791). Elle dura
onze jours, tant à Cherlieu qu'à Jussey. Les ornements
de la sacristie, objet de convoitise pour les femmes du
voisinage, furent arrachés plutôt que vendus. Ceux des
titres échappés à l'incendie, se dispersèrent entre les
mains des paysans; le reste fut conduit au district.
Quant aux bâtiments, vingt-huit associés se les partagè-
rent et démolirent d'abord le nouveau cloître pour recouvrer le prix de leur acquisition. En moins d'un an, cet

édifice, à peine achevé, disparut sans retour des lieux désolés qui l'avaient vu naître.

Le sort de l'église eut quelque chose de plus affreux encore. Dépouillée de sa toiture et de tous les matériaux en bois et en fer qu'elle renfermait, elle n'offrit bientôt à l'avarice des démolisseurs qu'une vaste enceinte de murailles. Ce fut dès-lors comme une carrière ouverte aux habitants du voisinage. Un homme d'une vie méprisée et d'une figure rebutante vint y fixer sa demeure. Pareil à un génie funèbre, on le voyait parcourir successivement toutes les parties de l'édifice, ébranlant d'une main hardie les colonnes et les arceaux, et jetant pour quelques pièces de monnaie les pierres sacrées aux acheteurs qui tremblaient sous ces ruines pendantes. Ce mendiant servit ainsi pendant trente années l'avidité de la *bande noire* du pays, au grand détriment de l'art et des antiques souvenirs. Différents crayons ont reproduit dans ses transformations successives cette œuvre si lente et pourtant si sûre de démolition et de mort. M. Desprez d'Amance en 1820, M. Girod de Langres en 1828, plus tard MM. Beaujart et Pratbernon de Vesoul ont essayé le croquis des ruines de Cherlieu. Ce dernier, en ami dévoué de l'art chrétien et de l'histoire nationale, ne cessait d'élever la voix pour faire sentir la nécessité de conserver un monument si digne d'intérêt. Il n'était déjà plus, lorsque en 1841 le conseil général de la Haute-Saône appelé à statuer sur cette matière, écrivit dans le compte rendu de ses délibérations l'article suivant : « Le conseil d'ar-
» rondissement de Vesoul avait sollicité une subvention
» pour la conservation des ruines de Cherlieu. Le con-
» seil général, considérant le peu d'intérêt qu'offrent ces

» ruines d'une *construction toute récente*, rejette la de-
» mande d'une subvention »

A défaut de M. Pratbernon, un autre champion de
l'archéologie et des beaux arts releva le gant. M. le
comte de Montalembert, dans une lettre reproduite par
l'*Univers* (octobre 1841), stigmatise avec une ironie sa-
vante une si funeste décision, précédée d'un considérant
si ridicule. Après avoir rappelé les souvenirs de Cherlieu, il ajoute : « Les Francs-Comtois qui ont conservé
» quelque attachement pour la gloire de leur province,
» jugeront à leur tour l'arrêt de cette assemblée qui ne
» reconnaît aucun intérêt aux ruines de cette église.
» Mais le conseil général de la Haute-Saône va plus
» loin, et passant du domaine des appréciations histo-
» riques à celui de l'archéologie, il nous déclare que
» les ruines sont d'*une construction toute récente*.
Ici l'étonnement redouble, et on ne peut s'expliquer
» un jugement aussi bizarre que par cette étrange alter-
» native : ou aucun de MM. les membres du conseil n'a
» trouvé le temps de visiter ce lieu naguère si fréquenté,
» ou bien ils sont pourvus en fait d'architecture gothique
» de connaissances et de renseignements dérobés jusqu'à
» présent à toutes les personnes qui s'occupent de cet
» art.....

» Mais si MM. les archéologues du conseil général ont
» moyen de prouver que cette construction date non pas
» du douzième, mais du dix-huitième siècle, alors il faudra,
» à bien plus forte raison encore, conserver ces pré-
» cieux débris : car je ne crains pas de dire que l'on ne
» trouverait pas en Europe une reproduction aussi fidèle
» de l'architecture sévère et grandiose du moyen-âge, au

» milieu de la décadence du goût sous Louis XV. Le con-
» seil général de la Haute-Saône, auteur d'une si belle dé-
» couverte, ne saurait en conscience priver les savants et
» les curieux du plaisir d'étudier un monument qui boule-
» verserait toutes les règles jusqu'à présent admises dans
» ce genre d'études....... Assurément un conseil général
» n'est pas tenu de se connaître en architecture et en
» archéologie ; mais il est tenu, ce semble, dans un pays
» qui se dit civilisé et éclairé, de ne pas mépriser aveu-
» glément cette gloire du passé qui forme une partie
» si essentielle de la vie morale du pays : il est tenu de
» ne pas réserver exclusivement sa sollicitude pour l'a-
» mélioration des races chevalines et la rectification des
» pentes ; enfin, lorsqu'il lui plaît de refuser cinq cents
» francs pour sauver ce qui reste de la plus grande église
» d'une grande province, il est tenu de ne pas donner
» pour considérant à son refus des motifs qui font sou-
» rire tous les antiquaires et tous les architectes dignes
» de ce nom. »

Le conseil général de la Haute-Saône n'est pas revenu
sur sa décision ; on pouvait s'y attendre. Cependant la
démolition de l'édifice est toujours graduelle et perma-
manente. Au mois de juin 1840, il existait encore trois
travées du transept septentrional : l'une d'elles a été dé-
truite l'année suivante, et la rosace qui l'ornait a dis-
paru. Des deux travées qui subsistent aujourd'hui, se détachent sans cesse des pierres et du ciment sous l'action
de la pluie et des frimats. C'en est fait ; aucune main
protectrice ne s'étendra pour sauver ces derniers restes,
et le pieux amateur des antiquités religieuses demandera
bientôt, en passant à Cherlieu, où fut l'église qui, en

1310, reçut, hébergea et nourrit plus de vingt mille personnes. On lui montrera peut-être une croix en pierre, la seule pièce qui, de toutes les magnificences de l'abbaye, reste entière jusqu'à présent. Grâce à la piété et aux soins des habitants du hameau, elle s'élève encore, sur sa colonne corinthienne, vis-à-vis l'entrée de l'église, et laisse voir le millésime de 1613 avec les armes de Ferdinand de Rye. Puisse ce signe auguste protéger longtemps les cendres bénies qui dorment confusément autour de lui, mêlées sans honneur et sans choix aux monceaux de ruines et aux verts gazons. Religieux, nobles dames, chevaliers, souverains, les hôtes de Cherlieu, n'ont pas joui de leurs tombeaux ; que la croix consacre du moins leur souvenir !

LISTE CHRONOLOGIQUE DES ABBÉS DE CHERLIEU.

1. Germain, prieur, ...   1127.
2. Widon ou Guy, premier abbé (1),   1130—1157.
3. Luc, de la maison de Soye, . .   1160—1176.
4. Pierre, ...   1179.
5. Guy II, ...   1188.
6. Gombaud ou Agobard, . . .   1196.
7. Galo, ...   1209.
8. Guy III, ...   1214—1226.
9. Renaud I, ...   1227.
10. Guillaume I, ...   1227—1256.
11. Albéric, ...   1256—57....
12. Divon ou Bisuntius, ...   1266—1270.
13. Gauthier, ...   1271—1277.
14. Guy IV, ...   1278....
15. Jean Ier, ... 1282—1292.
16. Guillaume II, ...   1298—1312.
17. Thiébaud, ...   1314.
18. Jean II, ...   1317—1320.
19. Renaud II, ...   1324—1328.
20. Arnould, ...   1331—1336.
21. Guy V, de Caudenay, . . .   1337.
22. Nicolas, ...   1340—1357.
23. Eudes de Pierrefite, ...   1358—64....
24. Jean III, ...   1369—1377.

(1) Il fut présent à la dédicace de l'église de Bellevaux en 1143.

25. Guy VI de Pierrefite, ...	1393—1396.
26. Jean IV de Vaux, ...	1396—1400.
27. Jean V d'Aynans, ...	1400—1410.
28. Laurent, ...	1412—1416.
29. Etienne de Jussey, ...	1416—1439.
30. Jacques de Montigny, . . .	1443—1456.
31. Gilles de la Cour, ...	1456—1477.
32. Drouhot Henrion, ...	1477—1497.
33. Remy de Brassey, dit Morelot,	1497....
34. Charles de Brassey, premier abbé commendataire, ...	1518....
35. Claude Ier de Nicey, ...	1522—1546.
36. Claude II de la Baume, archevêque de Besançon, . . .	1546—1584.
37. Prosper de la Baume, . . .	1588—1599.
38. Ferdinand de Rye, archevêque de Besançon, ...	1599—1636.
39. François de Rye, archevêque de Besançon, ...	1636—1637.
40. Pierre de Cléron, ...	1637—1666.
41. Jean-Ignace de Broissia, (prieur de Laval), ...	1666—1694.
42. Antoine - François de Blitterswyck de Montcley, archevêque de Besançon, . . .	1694—1734.
43. Jean-Louis de Berton de Crillon, archev. de Narbonne, .	1734—1751.
44. Playcard de Raigecourt, depuis évêque d'Aire, ...	1751—1758.
45. Mathieu Poncet de la Rivière, ancien évêque de Troyes, .	1758—1780.
46. Mathieu-Jacques de Vermont, .	1780—1790.

ÉGLISES DE LA COLLATION DE CHERLIEU.

Bougey, sous le titre de. . *saint Pierre.*

Chargey . . . . . . *saint Didier.*

Cornot . . . . *saint Etienne.*

Gourgon . . . . . . *la Nativité de Notre-D.*

Melin . . . . *saint Pierre.*

Montigny-les-Cherlieu . . *l'Assomption de N.-D.*

Purgerot . . . . . . *saint Martin.*

Rosières . . . . . . *saint Siméon Stylite.*

Saponcourt. . . . . . *sainte Susanne.*

ÉTAT DES REVENUS DE L'ABBÉ DE CHERLIEU EN 1780.

Betoncourt, ...	2,750 liv.
Malvillers, ...	4,100
Vernois, ...	5,180
Cornot, ...	3,950
Miévillers , ...	4,178
Preigney, ...	3,600
Marlay , ...	3,372
Les Charmes, ...	1,403
Saponcourt, ...	1,650
Gircourt, ...	1,753
Purgerot, ...	1,190
Richecourt, ...	1,300
Agnaucourt, ...	630
Pierry, ...	450
Moulin de Betoncourt, . . .	400
Id. de Cornot, ...	350
Id. de Malvillers, ...	250
Id. de Rosey, ...	210
Id. de Vauconcourt, . . .	240
Prés de Baulay, ...	490
Maison à Cherlieu, ...	22
Vigne de la Bourse , ...	24
Bois en assiètes , ...	3,400
Casuel , échutes et amendes, .	1,600

Total, ...	42,492 liv.

Tels étaient les revenus de l'abbé de Cherlieu, attestés par un procès-verbal du 3 octobre 1780. Ceux des religieux s'élevaient, d'après le même acte, à la somme de 30,000 livres.

(Arch. de la Préfecture de Vesoul.)

PIÈCES JUSTIFICATIVES.

I.

Vers 1135. — *Rainaud III, comte de Bourgogne, rappelle et confirme la promesse solennelle qu'il a faite à tous les monastères de l'ordre de Cîteaux de les affranchir dans ses domaines des droits de vente, d'acquisition et de transit.*

Raynardo, Dei gratiâ, venerabili Cisterciensi abbati omnibusque ejusdem S. ordinis abbatibus, Reynaudus comes Burgundie salutem. Memini condam me in capitulo Cisterciensi, in presencia Domini Stephani abbatis (1), publica vectigalia ad redditum thelonei nostri pertinentia, et quascumque exactiones que a vendentibus, sive ementibus, seu transeuntibus solempniter solent exigi in toto comitatu nostro, omnibus vestri ordinis hominibus, in memoriam mei et parentum meorum in perpetuum remisisse; quod ut firmum et inconcussum, Deo auctore, permaneat, litteras istius donationis, sigilli nostri munimine notatas, per dominum Pontium, abbatem Speciose vallis (2), ad sciscitatem omnium vestrorum direximus. Testes hujus doni sunt Petrus de Treva, decanus S. Stephani et archidiaconus, Jeremias de Royffia, Wido, li abbas, Stephanus de Chevies.

(*Arch. du Mont-Ste.-Marie, communiqué par M. Duvernoy*).

II.

1141. — *Association entre les chanoines de la cathédrale St.-Jean et les monastères de l'ordre de Cîteaux, dans le comté de Bourgogne.*

Notum sit omnibus, quod venerabilis conventus canonicorum S. Johannis Evangeliste, pauperes Cisterciensis ordinis arctioribus

---

(1) L'abbé Etienne abdique en 1133 et meurt l'année suivante.
(2) L'abbaye de Bellevaux.

caritatis nexibus sibi volens astringere, cum abbatibus ejusdem ordinis in eorum diocesi morantibus, hujus modi fedus inire voluit : quod eos qui sine audientia et judicio ecclesie, contrà edictum Domini archiepiscopi, pacem eorum perturbare et possessiones eorum aut substantias diripere presumpserint, singulis dominicis diebus usque ad dignam satisfactionem in ecclesia sua publice excommunicari facient. Nos beneficium ab abbatibus recepturi, quod quotiens aliquis nostrum obierit et hoc abbatibus nunciatum fuerit, pro defuncto nunciato facient monachi plenarium officium, et singulis annis pro omnibus, tam archiepiscopis quam canonicis, anniversarium. Actum solempniter in capitulo beati Johannis Evangeliste, adstante Domino Humberto, Bisuntino archiepiscopo, Lodoyco decano, Hugone precentore, Walberto archidiacono ceterisque canonicis. Anno incarnationis Dominice millesimo centesimo XLI. Ind. III.

                 (*Arch. du Sém. diocésain*).

III.

1160. — *Donation faite à Cherlieu par Girard, sire de Fouvent* (1), *sa femme et leurs fils, de la pêcherie de Conflans, de vignes situées à Purgerot et à Cray, etc.*

Girardus de Fontavenne, laudante uxore sua Clementia et filiis suis Humberto et Theodorico, dedit ecclesie Cariloci quidquid juris habebat in piscaria de Conflans et pertinentiis ejus, in vineis de Purgeroth et de Craya, sicut plantate sunt et adhuc plantabuntur in Montaneio et in pertinentiis ejus, et pasturam per totam terram et securum liberumque eundi et redeundi conductum emendi et vendendi, absque exactione et dispendio, absque pedagio et ventis. Quia vero multa damna eidem ecclesie contulerat, promisit sub jure jurando pacem bonam et firmam eidem ecclesie se servare, et decem obsides tenende pacis pro centum libris posuit, quod si aliquis ab hac pace deviaverit et a fratribus Cariloci commonitus infra XV dies non emendaverit, ab ipso et ab obsidibus prescripta pecunia requiretur. Anno ab incarnatione Dⁿⁱ Mᵒ, Cᵒ, LXᵒ.

                 (*Cartul. de Cherlieu*, fᵒ 54 vᵒ 55).

(1) **Girard** était fils de Guy, seigneur de Fouvent (1130—1142), dont le premier aïeul connu, aussi du nom de Girard, est qualifié *clarissimus Consul* dans un titre du XIᵉ siècle. Lui-même, bienfaiteur des monastères de Cherlieu et de Theuley, avait épousé Clémence, l'une des trois filles de Richard II, seigneur de Montfaucon et de Sophie de Montbéliard. Il se croisa en 1170 et ne revint pas de cette expédition.

IV.

1188. — *Thierry, archevêque de Besançon, accorde au cou-*
vent de Cherlieu le transit sur le pont et dans la cité,
exempt de tous droits de passage et de péage.

Sciant omnes quos scire oportuerit, quod ego Theodoricus,
divina miseratione Bisuntine sedis humilis minister, dedi et
concessi fratribus et conventui Kariloci liberum transitum per
pontem et civitatem nostram, ita ut in futurum nihil penitus a
monachis vel conversis vel nuntiis eorum, pro quibuslibet rebus
ipsorum transeuntibus per pontem vel civitatem nostram, ab aliquo requiratur, videlicet in quadrigis vel aliquo vehiculo ad
domum ipsorum pertinentibus; presertim cum a predecessoribus
nostris nunquam tale quod audierimus requisitum fuisse. Testes
Ado, decanus Columbe Monasterii, Magister Artaldus, Palmensis,
ecclesie S. Joannis Bisuntini et Odo de Vy canonici, Magister Ale-
xander de Port, Stephanus scriptor noster. Quod ut ratum et im-
mutabile in futurum permaneat, presentem paginam ad evitandum
scandalum, quod crebro pullulat in populis, fecimus insigniri,
testimonio sigilli nostri. Actum anno dominice incarnationis
M. C. LXXXVIII. Datum per Amedeum, cancellarium nostrum (1).

(*Pap. du Séminaire diocésain*).

V.

Vers 1190. — *Othon, comte palatin de Bourgogne, rappelle*
et confirme les exemptions et priviléges accordés par Rai-
naud III, son aïeul, aux monastères de l'ordre de Citeaux.

Guidoni, Dei gratià, venerabili Cisterciensi abbati, omnibusque ejusdem S. ordinis abbatibus, Otho, Dei gratià, palatinus
comes Burgundie, salutem. In memoriam mei et parentum
meorum publica vectigalia ad reditum thelonei nostri pertinencia,
et quascumque exactiones que a vendentibus sive ementibus seu
transeuntibus solito more solent exigi in toto comitatu meo, omnibus vestri ordinis hominibus, sicut avus meus Raynardus, comes
scilicet bone memorie in perpetuum concessit, et nos concedimus.

––––––––––––

(1) Amédée de Tramelay, qui fut le successeur de Thierry sur le
siége métropolitain de Besançon.

Quod ut firmius et inconcussum permaneat, litteras istius donationis, sigilli nostri impressione munitas, ad securitatem omnium
vestrûm dirigimus ; et quicumque hanc donationem frangere
presumpserit, indignationem nostram se sciat incursurum. Testes
hujus rei sunt magister Daniel, Hugo monachus cisterciensis,
Fromundus de Tramelay, Villermus de Pesmes.

(*Cart. de Rosières.* — *Communiqué par M. Duvernoy*).

VI.

Vers 1205. — *Etienne, maire de Vesoul, du consentement
de sa mère et de sa sœur, accorde aux frères de Cherlieu
le droit de pâture et de libre passage dans toutes ses terres.*

Stephanus, major Vesulii, dedit fratribus Cariloci, in manu
Margarete Comitesse palatine Burgundie, laudante matre suâ
Amica et sorore suâ Villelanta, cum viro suo Clarembrando,
omnes pasturas in omnibus terris que ad jus suum pertinent, a
flumine Semna usque Carumlocum, et liberos transitus et vias per
totam terram suam, absque damno segetum vel pratorum dum in
banno sunt, quod tamen factum absque alia emendatione resti-
tuetur. Et fecit pacem bonam cum predictis fratribus de omnibus
querelis quas contra ipsos habuerat.

(*Cart. de Cherlieu*, 75.)

VII.

1209. — *Transaction entre l'abbé de Faverney et les moines
de Cherlieu, au sujet de divers droits et notamment de la
pêche de Purgerot et des lieux voisins.*

Ego Petrus, abbas Fervenii, notum facio universis querelas,
que inter fratres Cariloci et monachos Fervenii vertebantur,
hujus modi terminum accepisse. De boscho qui est juxta grangiam
de Charmis (1) et Arbucé (2), definitum est quod fratres Cariloci
quamdam partem que seorsùm est assignata, in pace jure perpe-
tuo possidebunt ; prata verò de Baaler (3), de quibus domus

(1) La grange des Charmes, dépendance de la commune de Semmadon,
à une lieue de l'abbaye de Cherlieu.
(2) Arbecey, canton de Combeaufontaine.
(3) Baulay, canton d'Amance.

Cariloci erat tum investita, liberè possidebit, encepto quod duas falcatas prati ibidem habent monachi memorati, unam que fuit Stephani Crahi, aliam que fuit Fulconis. Fenum verò suum fratres Cariloci, quomodò ex quàcumque parte voluerint, educent, damno tamen, si factum fuerit, restituto. In nemore quod regium dicitur, usuarium suum habebunt, sicut hactenùs habuerunt, hoc adjuncto quod ad centum porcos propter quos fratres Cariloci pasnagium habebant in nemore nominato, monachi Fervenii quadraginta porcos dicto porcorum numero ad pasnagium ejusdem nemoris addiderunt; et si timore alicujus principis animalia ibidem adduxerint, usquè ad tempus pacis ibi erunt, restituto damno, si factum fuerit. Territorium de Curcellis (1) fratribus Cariloci ex integro in pace remansit, exceptâ quadam parte quam pro pace eisdem monachis dimiserunt, sicut mete ex parte Esmante posite manifestant, et duobus frustis prati que sunt eisdem monachis assignata. Pro quinque verò jornalibus terre que infrà idem territorium possidebant monachi memorati, fratres Cariloci quamdam terram eisdem in concambium apud Buffignecort (2) assignarunt. De piscariàque statutum est, quod fratres Cariloci tesuras suas facient usque ad rivum de Merdencort (5), et ab eodem rivo usquè ad eclusam molendini de Amoncort (4), piscaria per medium dividetur et unusquisque in parte suâ quidquid ei libuerit faciet absolute. Verum ad hec adjunctum est, quod usque ad pontem Fervenii dicti fratres piscabuntur cum rete, et, si à piscatoribus Fervenii ibi piscantes reperti fuerint, cum ipsis, si voluerint, piscabuntur, et pisces insimul capti per medium dividentur; et conversi similiter facient, si illos piscantes invenerint in piscatoriâ nominatâ. Simili modo piscatores facient quantum ad usum retis usque ad molendinum de Effundre, si ipsi piscantes invenerint Cariloci piscatores. Et sciendum, quod fratres Cariloci de jure nostro sive de rebus ad jus nostrum pertinentibus, sine assensu nostro, aliquid acquirere non valebunt; similique lege erga fratres Cariloci monachi de Fervenio sunt adstricti. Testes Galterus, abbas Acey, Bisuntius capellanus, Hugo clericus de Arbucé, Albericus de Fervenio et Raynaudus de Chargeio milites. In cujus rei perenne testimonium atque robur, presens instrumentum sigillo nostri capituli obsignatum, anno ab incarnatione Domini millesimo ducentesimo nono.

(*Copié sur l'original aux archiv. de la Préf. de Vesoul*).

(1) Corcelle, ferme à une lieue et demie de Cherlieu, aujourd'hui du département de la Haute-Marne.
(2) Buffignécourt, canton d'Amance.
(3) Montcourt, canton de Jussey.
(4) Aboncourt, canton de Combeaufontaine.

VIII.

1234.—*Hugues II, Comte de Vaudémont, donne à l'abbaye un meix à Châtel-sur-Moselle et affranchit de toute servitude celui qui le cultivera au profit des religieux.*

Ex presentis instrumenti testimonio presentibus et futuris rei geste veritas innotescat, quod ego Hugo, comes Vademontis (1), laudantibus filiis meis Hugone, Gaufrido et Girardo, dedi in eleemosynam Deo et Beate Marie Cariloci et fratribus ibidem Deo servientibus, unum mansum ad construendam domum apud castrum super Mosellam, liberè et quietè in perpetuum possidendum. Hominem verò quem dicti fratres ipso in manso, priusquam ibi domus constructa fuerit, collocabunt, libertati donavi et ab omni exactione liberum feci penitùs et immunem in hunc videlicèt modum, quod in aquis meis piscari, nec in nemoribus meis tendere retia ei non licebit; solummodò fidelitatem preposito dicti castri faciet, et si contrà constructionem castri egerit vel alicui injuriam intulerit, omne jus et justitiam et emendam contuli fratribus Cariloci. Ut autem que gesta sunt recta sint et inconcussa permaneant, presentem paginam sigilli nostri munimíne fecimus roborari.

Actum est hoc solemniter anno gratie millesimo ducentesimo trigesimo quarto.

(*Cart. de Cherlieu, fol. 479, à la bibl. royale*).

IX.

1227.—*Othon, duc de Méranie et comte palatin de Bourgogne, cède, du consentement de Béatrix, son épouse, aux abbé et couvent de Cherlieu tous ses droits sur Montigny.*

Ego Otho, Dei gratiá, dux Meranie et comes palatinus Burgundie et Beatrix, uxor mea, notum facimus universis presentem paginam inspecturis, quod nos dedimus et concessimus in eleemosynam domui Cariloci et fratribus ibidem Deo servientibus quidquid juris habebamus in villâ de Montigné, que sita est

---

(1) Ce bienfait de Hugues de Vaudémont, qui mourut en 1235, est sans doute une compensation des pertes qu'il avait fait essuyer à l'abbaye, en détenant à son préjudice, pendant les premières années du XIII' siècle, le village et la terre de Montigny.

juxtâ Carumlocum, et promisimus eisdem fratribus de ceterò dictam villam in pace tenere, et res ipsorum pro parte nostra defendere et custodire.

Quod ut ratum permaneat, presentem paginam sigillorum nostrorum munimine facimus roborari. Actum anno Domini millesimo ducentesimo vigesimo septimo.

(*Cart. de Cherlieu, à la bibl. roy. fol.* 480, v°).

X.

1214. — *Droits de Henri, sire de Fouvent, sur une vigne de l'abbaye de Cherlieu.*

Ego Henricus, Dominus Fontisvenne, notum facio presentibus et futuris, quod Guido, dictus abbas Cariloci, constituit ut de vino vinee de longâ Planchâ in primis sumatur tantum quantum sufficere possit ad omnia ejusdem vince necessaria et ad ipsam vineam excolendam; residuum verò in duas partes dividatur, quarum unam concessit mihi tantùm modo in vitâ meâ, nec eamdem portionem extraham de abbatiâ, sed intrà abbatiam prout volucro dispensabo. Altera autem pars que superfuerit erit conventus Cariloci; cum verò ego abiero vel ad ordinem venero, similiter pars mea cedet in partem conventûs, absque alicujus hominis reclamatione.

Ut autem hoc ratum et inconcussum permaneat in futurum, presens scriptum sigilli mei munimine roboravi. Actum anno gratie millesimo ducentesimo decimo quarto.

(*Cart. de Cherlieu, fol.* 460, v°).

XI.

1222. — *Richard, comte de Montbéliard, atteste que Gérard de Banvillars a renoncé à toutes ses prétentions sur les domaines de Cherlieu et que sa famille a approuvé sa conduite.*

Ego Richardus, Dei gratiâ, comes Montisbiligardi, notum facio presens scriptum inspecturis, quod Dominus Gerardus de Banveler (1) acquittavit domui Cariloci omnes querelas quas ad-

_____

(1) Village situé dans le canton de Belfort, département du Haut-Rhin. Quant aux vassaux de ce nom, leur famille est connue dés le mi-

versus eamdem domum habebat, videlicet de Tramuncour (1), de
Effundre, de quatuor fratribus conversis quos ipse dicebat ipsius
fuisse, et de quâdam pecuniâ quam requirebat ex parte predic-
torum fratrum et patris et matris ipsorum. Laudavit etiam omnia
de quibus ipsa domus investita erat anno gratie millesimo ducentesimo vigesimo. Ad preces autem dicti Girardi, promisi bonâ
fide quod hec omnia faciam fideliter observari. Hoc totum lauda-
verunt Gertrudis uxor ejus, Gaufridus filius ejus, Petronilla et
Sybilla, filie ejus. Et ut ratum habeatur, sigilli nostri munimine
presentem paginam roboravi. Actum anno gratiæ M° CC° vigesimo secundo.

(*Extrait du Cart. de Cherlieu, à la bibl. roy. fol. 476, v°*).

XII.

1223. — *Gerard de Rougemont, archevêque de Besançon,
médiateur d'un accord entre les religieux de Cherlieu et
Gerard, sire de Chauvirey, en règle les différentes conditions.*

Girardus, Dei gratiâ, Bisuntine sedis archiepiscopus, universis rei geste notitiam, in perpetuum. Ex presentis instrumenti
testimonio, presentibus et futuris innotescat, quod Dominus Girardus de Chauvirey dedit, per manum nostram, in elemosynam
Deo et Beate Marie Cariloci, et fratribus ibidem Deo servientibus,
quartam partem grossarum decimarum de Semuncur (2) in perpetuum possidendam, et legitimam garantiam super hoc eis por-
tabit, adversus omnes qui ibidem aliquid tentaverint reclamare.
Et sciendum quod cum dictus Girardus et homines ipsius super
pasturis et omnimodis usagiis finagii de Girecour, jàm dictos fratres injuste molestarent, quidquid justè vel injustè super iisdem
usagiis reclamabat vel reclamare poterat, bonâ fide jàm dictis
fratribus in perpetuum acquittavit, hoc addito quod si homines ipsius eodem finagio in pasturis violentiâ uti voluerint, ipse

lieu du XII° siècle. Jean de *Banveler* et ses frères donnent, vers 1147,
l'église de Chévremont au monastère de Belchamp; avant 1189, Mainard,
chevalier, l'avait gratifié de son alleu de Banvillars; enfin un premier
Girard, témoin d'une charte en faveur de ce couvent, fleurissait en 1159.

(1) Trémoncourt, de la commune de Venisey, canton d'Amance.

(2) Senoncourt, dans le canton d'Amancey, avec un château fort
dont il ne reste plus que quelques vestiges. Jean de Senoncourt avait
accompagné Othon, comte palatin, dans son voyage d'Aragon en 1285.

emendam suam ab eis, sicuti pro violentiâ eisdem fratribus factâ, extorquebit, et abbas Cariloci similiter suam.

Notandumque, cum homines dicti Girardi super nemore et terrâ de Fontanis et de Romanis, ab ipso et à patre suo suprà dictis fratribus in eleemosynam concessis, secundum quod ibidem juris habebant, à rivo videlicet frigidi fontis versùs abbatiam, sicut ab ipso fonte versus Oggelam (1) descendit et ab ipso fonte sursùm, sicut mete posite discernunt, dictos fratres injustè molestarent, ipse quidquid juris in jàm dictis locis habebat, vel quidquid justè vel injustè reclamare poterat in piscariâ de Esmance (2), guerpivit. Abbas verò accommodavit et concessit dicto Girardo in quàdam parte jàm dicte piscarie plenarium et omnimodum usuarium habere in vitâ suâ; post obitum verò ipsius Girardi, vel etiam si antè obitum abrenuntiaverit, dicta piscaria ad fratres Cariloci liberè et absque calumniâ heredum suorum revertetur. Dedit etiam predictis fratribus vias et liberos transitus per terram suam que est inter Montagné (3) et Girecour (4), cum carris, quadrigis, et ovium aliorumve animalium generibus, sine damno faciendo.

Datum apud Bisuntium per manum Stephani cancellarii nostri, anno gratie millesimo ducentesimo vigesimo tertio.

(Cart. de Cherlieu, fol. 477 et suiv.)

XIII.

1233. (V.S.) — *Hugues, comte palatin de Bourgogne et Alix, sa femme, recommandent l'abbaye de Hauterive à la bienveillance de leur gendre, Hartmann le jeune, comte de Kybourg* (5).

Domino illustri et potenti, dilecto filio suo H. comiti juniori de Kybore, H. comes palatinus Burgundie et A. comitissa palatina, salutem et amorem in omnibus. Filialem dominationem et dilec-

---

(1) Ouge, village du canton de Vitrey, qui donne son nom au ruisseau de l'Ougeotte. Les traditions locales rapportent qu'à la suite des guerres de 1636, cette paroisse demeura inhabitée pendant sept ans.

(2) Amance, autrefois chef-lieu d'une terre considérable sous la seule dépendance de l'abbaye de Faverney jusqu'en 1276. A cette date le monastère consentit à une association avec la comtesse Alix qui y fit bâtir un château, flanqué de dix tours et défendu par de hauts remparts et un double fossé.

(3) Montigny, dont nous avons parlé dans notre mémoire.

(4) Gircourt, ferme de la commune de Vernois-sur-Mance.

(5) Cette recommandation a dû suivre presqu'immédiatement le ma-

tionem vestram de quà confidimus, attencius deprecamur, qua-
tenùs domum Alteripe quam defendere debetis et etiam custodire, ut sub vestro dominio securiùs Domino valeat famulari, pro
amore nostro et precibus instantibus diligencius et ardencius defendere et custodire velitis cum rebus et personis, ut de amore
nostro et vestro et obsequiis nobis et vobis ab abbate dicte domus
exhibitis fideliter et benignè, super confederatione inter nos et
vos perfecta auxilium et commodum valeat reportare. Scientes
quod nos ipsam domum in protectionem et defensionem nostram
vobiscum recepimus; sed quià nimìs remoti sumus ab ipsâ, vobis
et amicis nostris de Friburgo ipsam domum defendendam et cus-
todiendam committimus bonâ fide, attenciùs amorem vestrum ro-
gantes quatenus pró precibus nostris taliter faciatis, ut preces nos-
tras sibi domus promissa sentiat valuisse. Amicos quoque nostros
de Friburgo pro omnibus suprascriptis plenius faciendis, roga-
mus instantiùs, ut idem sibi integrè facient et amorem nostrum
sibi per hoc se noverint acquisivisse. Datum anno Domini M. CC.
L III. Valete semper.

(*Recueil diplom. du canton de Fribourg*, t. 1ᵉʳ 75, 76;
communiq. par M. Duvernoy).

XIV.

1667. — *Extrait de l'inventaire dressé à l'occasion de l'entrée
de Jean-Ignace de Broissia dans l'abbaye de Cherlieu.*

Nous soussignés religieux de l'abbaye de Cherlieu, confessons
avoir reçu de Messire Jean-Ignace Froissard de Broissia, abbé de
Cherlieu, les statuaires, livres, meubles et ustensiles ci-après
décrits, lesquels se trouvoient compris dans l'inventaire fait par
M. le conseiller Demesmay dans cette abbaye, après le décès
de feu illustre et révérend seigneur Dom Pierre de Cléron, son
prédécesseur, abbé de Cherlieu.

Premièrement un ciboire de cuivre doré dans lequel repose le
très auguste Saint-Sacrement étant dans le tabernacle du maître
autel.

Item un reliquaire ou représentation en bois doré du chef de

---

riage d'Elisabeth, fille de Hugues et d'Alix, avec le comte Hartmann,
dont le contrat est daté du 27 janvier 1253 (V. S.). Lui-même était
veuf d'une première femme, Anne de Rapperswyl. Hauterive, se plaignant de voies de fait commises par plusieurs gentilshommes de son voisinage, avait obtenu la protection d'Hartmann au mois de novemb. 1253.

St. Laurent, dans lequel reliquaire se trouvent deux fragments du crâne du saint susdit.

Item une petite figure de bois doré représentant l'image de St. Pierre, au-dessus de laquelle figure est un petit sac de taffetas rouge où sont les reliques de St. Pierre........

Item une image de l'assumption Notre-Dame étant au dessus dudit grand autel, appuyée des images St. Benoit et St. Bernard.

Item deux images du Christ et de N.-Dame, estant au coté dudit grand autel.

Item une image représentant la nativité de notre Seigneur, estant sur une table de pierre à droite du grand autel.

Item une haute et grande image representant l'assumption de N.-Dame, estant à gauche dudit grand autel.....

Item un petit sac de toile où se sont retrouvées plusieurs reliques, sans que l'on y ait trouvé aucune dénomination des Saints, s'étant rencontrées parmi lesdites reliques deux dents que l'on estime pouvoir être celles des Saints Rois, lesquelles on avait accoutumé de présenter au peuple avant les guerres.....

LIVRES.

Premièrement se sont retrouvés dans la sacristie les livres suivants d'une partie desquels on se sert au chœur : à savoir deux Antiphonaires en quatre tomes et en parchemin, deux desquels sont déchirés en divers endroits.

Item un Lectionnaire pour l'année, en parchemin.

Item un petit livre de Collectes pour le prêtre septmanier qui officie.

Item deux petits livres pour les processions.

Item un livre en parchemin du Maître des sentences.

Item un Commentaire de St. Grégoire sur les différents livres de la Bible.

Item un livre des Explications des psaumes, qui n'est pas entier.

Item un livre des Epîtres de St. Jérôme qui n'est pas entier.

Item un livre Isidoris Hispalensis episcopi Etymologium.

Item un livre Beati Joannis Eremitæ de Institutis monachorum.

Item cinq vieux livres qui sont sans commencement ni fin et tous brisés et rompus.

Item un pied de croix de cuivre doré, embelli de cristaux et de pierres rouges, sur lequel sont les armes du comte et duc de Bourgogne, celles de France et de l'abbaye.

Item un bénitier à l'un des pilliers de l'église, proche de la porte venant du cloître, où est gravé à l'entour : *Jacques Baddot me fit faire l'an mil six cent et onze.*

Item dans le clocher deux cloches, l'une assez grosse et sur laquelle il y a pour milliaire 1585, Jean de Lassault en ayant été parain, et l'autre, qui est beaucoup moindre, a pour milliaire 1586, et a pour parain un greffier de Cherlieu.

Item encore une autre petite cloche qui est dans le dortoir de Messieurs les religieux.....

De tous lesquels sanctuaires, livres, meubles et ustenciles ci-devant décrits, nous déchargeons mondit abbé, en ferons bonne garde et lui en tiendrons compte, jusqu'à ce qu'ils soient usés. En foi de quoi nous nous sommes soussignés à Cherlieu, ce seizième février, l'an mil six cent soixante-sept.

Frère F. PAUTHERET.

F.   Pierre MORAND.

F.   François LORETTE.

F.   Antoine BAUDERAT.

F.   Joseph DE LA CROIX.

F.   Jean-Jacques de CHATILLON.

XV.

1701. — *Transaction entre M. de Blitterswick, abbé commen-*
dataire de Cherlieu, et le révérend D. François Labbé,
prieur claustral de ce monastère.

Par devant les conseillers du roi, notaires, gardes-sceel au Châtelet de Paris soussignés, furent présens M. Antoine-François de Blitterswich de Monteley, abbé commendataire de l'abbaye Notre-Dame de Cherlieu, ordre de Citeaux, filiation de Clervaux, en Franche-Comté, chanoine et archidiacre de Gray en l'église métropolitaine de Besançon, demeurant ordinairement en la ville de Besançon, étant de présent à Paris, logé au séminaire des Bons-Enfants d'une part, et vénérable personne Dom François Labbé, prieur claustral de ladite abbaye de Cherlieu, étant aussi de présent à Paris, au nom de toute la communauté de ladite abbaye, par laquelle il promet faire ratifier les présentes et à en fournir acte en bonne forme, d'autre part :

Sont convenus de ce qui s'ensuit, c'est à savoir que ledit Dom prieur s'est chargé, tant pour lui que pour ladite communauté de Cherlieu, d'acquitter les charges claustrales ci-après énoncées qui consistent : 1° dans l'entretien de la sacristie, vases sacrés, autres ornements, linges, luminaire, pain et vin pour les messes, cordes de cloche, horloge, livres de chœur, après que ledit seigneur abbé les aura fournis, et ladite sacristie d'ornements et

linges nécessaires, laquelle fournie l'entretien sera à la charge
des religieux, et seront obligés d'en substituer d'autres, s'il est
nécessaire ; 2° dans l'entretien de l'infirmerie ; 3° dans l'hospitalité ; 4° dans les aumônes journalières ; 5° dans la pension d'un
docteur, quand il y en aura un, conformément aux dispositions
du concile de Trente et de l'ordonnance de Blois ; 6° dans les
contributions pour le chapitre général ; 7° dans l'entretien d'une
bibliothèque ; 8° dans les droits de visite régulière ; 9° dans les
messes abbatiales que l'abbé doit dire certains jours de l'année ;
et même dans l'entretien des couvertures des lieux réguliers et de
l'église, à l'exception du logis abbatial et de ses dépendances :
lesquelles charges claustrales ledit sieur prieur s'oblige audit
nom d'acquitter au lieu et place dudit sieur abbé, moyennant et
pour la somme de cinq cent francs, monnaie ancienne du comté
que le dit sieur abbé paiera à la communauté par chacun an, en
deux termes égaux, le premier à Pâques, le second à la St. Martin
d'hiver, pour et ce pendant la vie abbatiale dudit seigneur abbé,
et ce pour terminer leur procès suivant le traité fait et passé entre
eux par devant les notaires soussignés ce jourd'hui, qui n'aura
son exécution, à l'égard du seigneur abbé personnellement, que
relativement à ces présentes et sous la condition que les présentes
seront ratifiées conjointement avec ledit traité. Ce fait en présence
de M. le Très R. P. Dom Pierre Bouchu, abbé de Clairvaux,
père immédiat de ladite abbaye de Cherlieu, étant de présent
en son hôtel abbatial du collége des Bernardins ; et pour l'exécution ont élu leur domicile etc.....

    Fait et passé à Paris, en l'étude des deux notaires soussignés,
l'an mil sept cent un, le huitième jour de novembre avant midi,
et ont signé les présentes.

        De BLITTERSWICH, abbé de Cherlieu.
          LABBÉ, prieur de Cherlieu.
          BOUCHU, abbé de Clairvaux.
          VATRY et FROMENT, notaires.
Scellé lesd. jour et an que dessus.

               (*Arch. de la préf. de Vesoul*).

XVI (1).

1214. — *Arnaud, abbé de Citeaux, détermine les limites res-*
pectives des pâturages de Cherlieu et de La Charité.

Ego frater Arnaudus, electus abbas Cistercii, notum facio tàm
presentibus quàm futuris, quod controversia que pasturarum
vertebatur inter domum Cariloci et domum de Caritate, in hunc
modum extitit terminata :

Compromissum fuit ex utraque parte in venerabiles coabbates
nostros Odonem videlicet de Bellavalle, Gebuinum de Theoloco,
Galterum de Aceio, Arnulphum de Belloloco et in alios, qui sta-
tuerunt ut omnes pasture citrà Sunnam (2) versùs Carumlocum
essent fratrum de Caroloco, exceptis pasturis de Seyt (3) et de
Ferreiis (4) et de Sancto Albino (5) et de Ovenshe (6) et de Ry (7),
que ex integro remanerent fratribus de Caritate, et omnes pasture
ultrà Sunnam versus Caritatem eorumdem essent ; excepto quod
si fratres Cariloci aliquem fundum pro constituendâ grangiâ ibidem acquisierint, qui fundus tale usagium habebit per acquisi-
tionem quale priùs habuerat (8).... His itaque dispositis, dixerunt
dicti abbates, et nos auctoritate nostrâ precepimus, quod conversi
compositionis hujus transgressores ad aliam abbatiam ab abbate
proprio transmittantur, et ibi ultimi omnium demorentur, et omni
vitâ fratres sint in pane et in aquâ, non reversuri nisi per capi-
tulum generale. Abbas verò qui suprà scriptam justitiam facere
neglexerit, in sequenti capitulo generali proclametur et pro con-
temptu graviter puniatur. Nos quoque compositionem istam ap-
probamus.

Et ut hec omnia firma et inconcussa de cetero permaneant,
et ab utrâque parte inviolabiliter observentur, presentem pagi-

---

(1) Ce titre et le suivant, quoique échappés à notre attention dans
les récits qui précèdent, nous ont semblé dignes de trouver place parmi
les pièces justificatives.
(2) La rivière de Saône.
(3) Scey-sur-Saône.
(4) Ferrière-sur-Rey, où l'armée suédoise passa la Saône, le 22 juin
1637, après la prise de Champlitte.
(5) St.-Aubin, de la paroisse de Scey-sur-Saône.
(6) Avanche, du canton de Scey-sur-Saône.
(7) Ray, résidence de la maison de Marmier, dont le premier chef
connu, Hugues, sieur de Gastel, nommé président au parlement de
Dole en 1518 ou 1519, mourut en 1554.
(8) Lacune par vétusté.

nam sigilli nostri et sigillorum suprà dictorum abbatum munimine fecimus roborari.

Actum est hoc anno gratie millesimo ducentesimo quarto decimo.

> (*Cart. de Cherlieu, à la bibl. roy., fol 461 et suiv.*)

XVII.

1220. — Gauthier, abbé de Citeaux, règle les limites respectives des possessions de Cherlieu et de Clairefontaine (1).

Ego frater Gascherus, dictus abbas Cistercii, notum facio presentem cartam inspecturis, quod abbates et conventus de Caroloco et de Clarofonte, ante capituli generalis cumpromissione in nos factà, querelam que irritabatur inter ipsos pro pasturis terre de Viler (2) et quibusdam terris et nemoribus et pasturis, nobis commiserunt terminandam. Nos autem prudentium virorum utentes consilio, pro bono pacis concessimus fratribus de Clarofonte duodecim jornalia terre et duas falcatas prati apud Bufignecourt, de tenurià fratrum Cariloci ; statuentes etiam ut pasture terre de Viler animalibus grangiarum de Sapuncourt (3) et Damuncourt (4) sint communes. De terris autem et nemoribus et pasturis que sunt citrà metas antiquas, et ab utràque parte approbatas, ex parte grangie de Sapuncourt, quas fratres de Clarofonte fratribus Cariloci calumniabantur, perpetuum eis imposuimus silentium, ne de ceterò super his moveant questionem, si fratres Cariloci eas in pace possidebunt. His ita dispositis (sicut in cartà præcedenti).....

(1) Ayant cité dans mon mémoire un accord de 1199 qui se trouve aux archives de Vesoul, son état de vétusté et de dégradation ne m'a point permis de le copier entièrement. J'ai préféré publier cette pièce de 1220 qui est complète et plus correcte.

(2) Villers-sur-Port ou Villers-Vaudey.

(3) Saponcourt. « La fondation de ce village que l'on nommait primitivement les Loges est due aux Bernardins de Cherlieu qui, vers l'an » 1541, y établirent une colonie de cultivateurs picards. » (*An. de la Haute-Saône*, 1842). — Cette assertion est manifestement démentie par la présente charte, puisqu'elle désigne Saponcourt comme existant déjà alors.

(4) Aboncourt ou Amoncourt. Le 1er est du canton de Combeaufontaine ; le 2e de celui de Port-sur-Saône.

Ut autem hec rata et firma permaneant et ab utrâque parte inviolabiliter observentur, presentem cartam auctoritate generalis capituli confirmatam, nostro et coabbatum nostrorum Firmitatis, Pontigniaci, Claravallis, Morimundi, Cariloci, Clarifontis sigillo fecimus roborari.

Actum anno Incarnationis Domini millesimo ducentesimo vigesimo.

(*Cart. de Cherlieu, à la bibl. roy., fol. 474 et suiv.*)

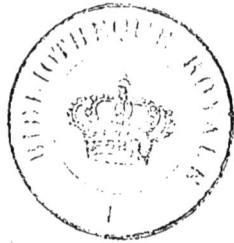

FIN.

TABLE DES MATIÈRES.

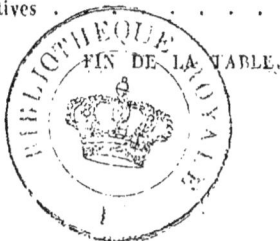

FIN DE LA TABLE.

ERRATA.

Page 8 , note 2 , ligne 2 : *au lieu de* frère , *lisez* frères.

— 20 , ligne 14 : *au lieu de* qui l'occupait alors, *lisez* qui occupait alors le monastère.

— 22 , ligne 6 : *au lieu de* fils de Paganus, *lisez* étant fils de Paganus.

— — ligne 7 : *au lieu de* frère, *lisez* et frère.

— 30 , ligne 9 : *au lieu de* au, *lisez* aux.

— — ligne 21 : *au lieu de* s'harmonisait, *lisez* s'harmoniait.

— 42 , ligne 24 : *au lieu de* son successeur qui l'accompagna, *lisez* son successeur, fut remarquable par sa longue durée et par le calme qui l'accompagna.

— 58 , ligne 12 : *au lieu de* avaient, *lisez* avait.

— 62 , ligne 10 : *au lieu de* qui , *lisez* que.

— 75 , note 3 , ligne 3 : *au lieu de* de construction antérieure , *lisez* d'une construction antérieure.

— 77 , note 1 , ligne 9 : *au lieu de* son sentiment, *lisez* de sentiment.

— 78 , ligne 14 : *au lieu de* son maire, *lisez* son maitre.

— 80 , ligne 17 : *au lieu de* aussi bien qu'à , *lisez* ni à.

— 84 , ligne 9 : *au lieu de* depuis, *lisez* dès lors.

Besançon. — Imprimerie de Bintot.

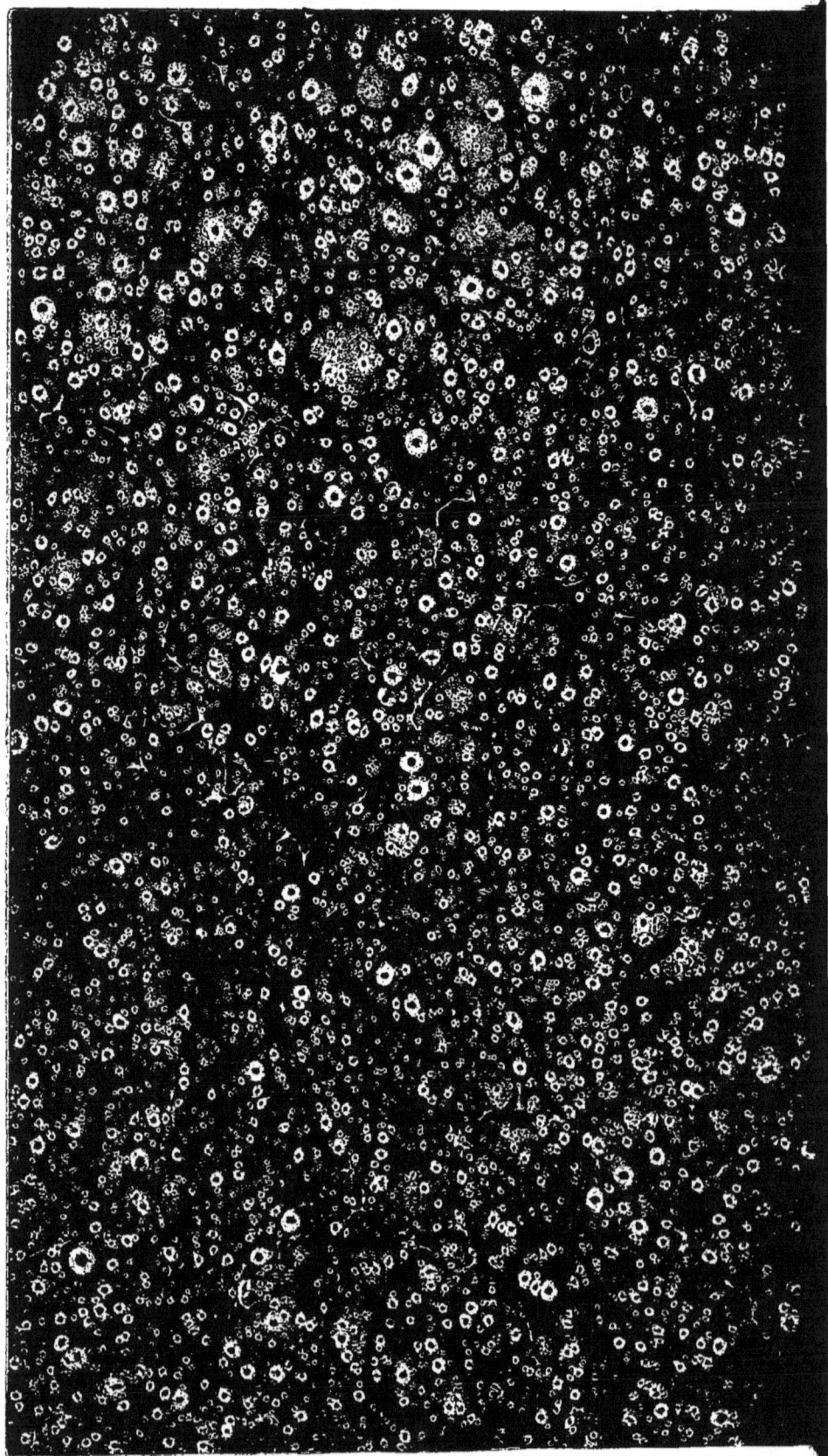

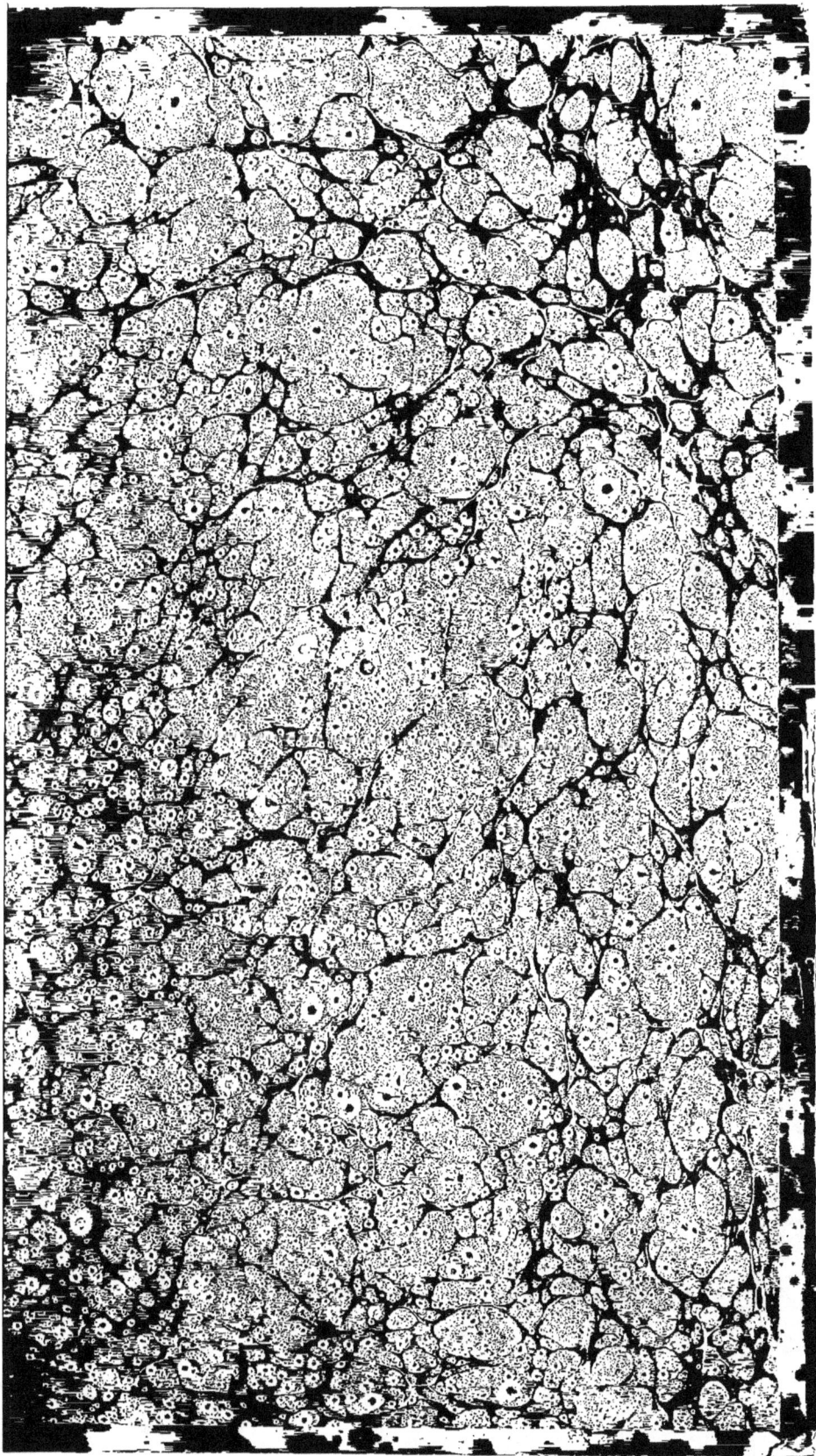

www.ingramcontent.com/pod-product-compliance
Lightning Source LLC
Chambersburg PA
CBHW050006100426

42739CB00011B/2522